つまずきミニチェックで始める学び支援

さくらんぼワーク
はじめての読解・作文

伊庭葉子 著

勉強が苦手な子，発達に遅れがある子，
障害を持つ子のための学習塾
「さくらんぼ教室」代表

明治図書

まえがき

多くの子どもたちは小学校を入学するまでに，“日本語”での日常会話やコミュニケーションを「生活の中で自然に」マスターしており，その力をもとに入学後「国語」の学習に取り組みます。しかし「生活の中で自然に」学ぶことが苦手な子どもたちは，言葉理解やコミュニケーションスキルの個人差が大きいもの。さらに「読む」「書く」にも困難があると，「国語」の学習の負担は大きくなります。子どもたちの言葉の世界を豊かにし，「読む」「書く」スキルを高めていくには，個々のつまずきを助けて楽しく学べる学習教材が必要です。

本書は，文字の読み書き～小学校低学年相当の国語の基礎として「文章読解」「作文」「生活の中の漢字（小１～２相当）」の３領域・20項目をつまずきがちな４つのステップに分け，対応する教材例（ワーク）と共に紹介したものです。各ステップのチェックリストで子どものつまずきを知り，先生が一緒にワークに取り組むことで，理解の仕方を確かめることができます。

ワークは，子どもたちが文章の内容を自分の体験と結びつけて捉えることができるよう生活に身近な内容を扱い，読み書きの負担を軽減する工夫をしています。実際には，もっとたくさんの文章を読んだり書いたりしながら，少しずつ難易度を上げたりパターンを変えたりして学ぶことが必要です。また子どもが一人で学ぶのではなく，その内容について先生や保護者の方と色々な話をしてイメージをふくらませていくことも大切です。楽しく学ぶことの積み重ねが，子どもたちが生活していく上での「書いてある内容を理解する力（わかった！）」「自分の言葉で表現できる力（言えた！／書けた！）」につながっていきますように。

さくらんぼ教室

伊庭　葉子

学習のステップ
を確認

ワークで学習，
子どもの学習段階
をチェック！
支援につなげます

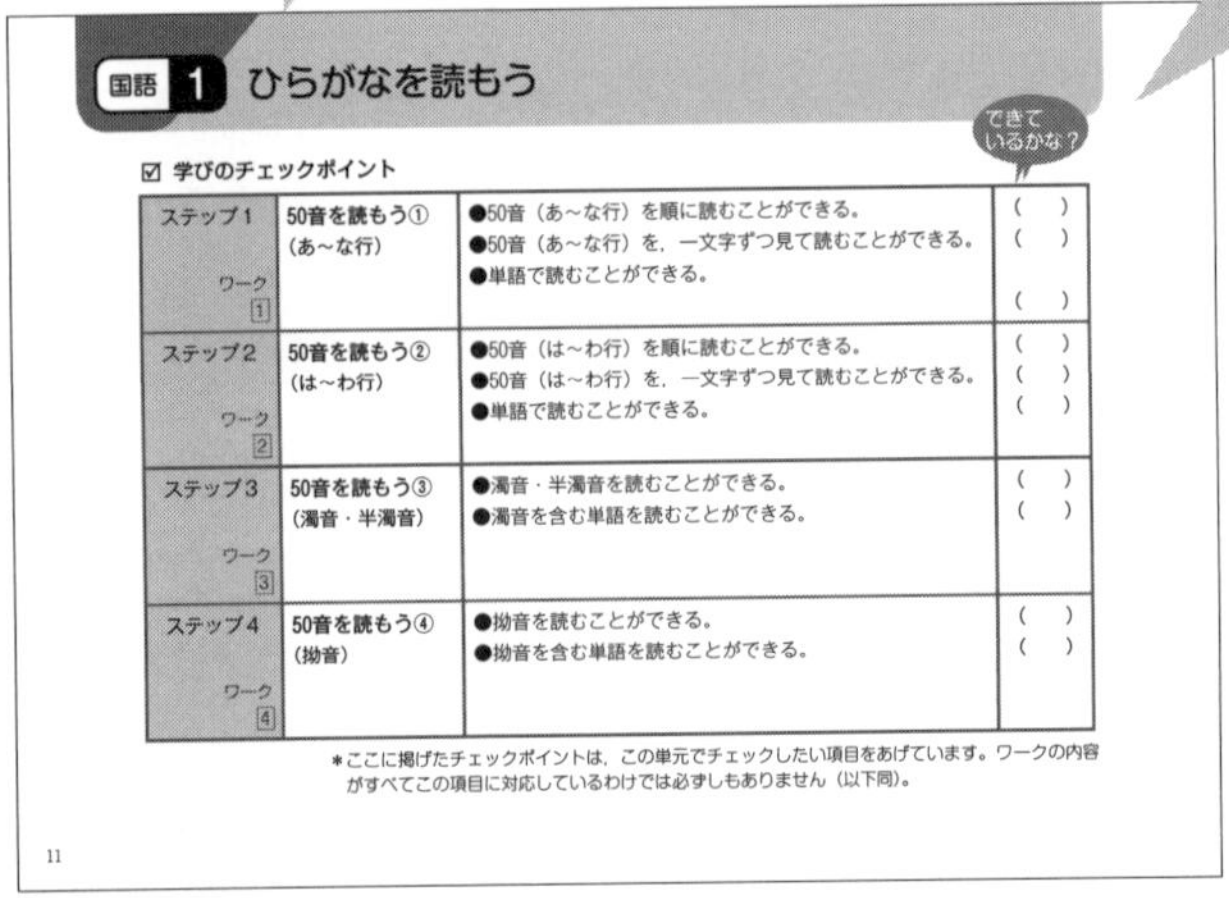

国語 1 ひらがなを読もう

できて
いるかな？

☑ 学びのチェックポイント

ステップ1 ワーク 1	50音を読もう① （あ～な行）	●50音（あ～な行）を順に読むことができる。 ●50音（あ～な行）を，一文字ずつ見て読むことができる。 ●単語で読むことができる。	（　） （　） （　）
ステップ2 ワーク 2	50音を読もう② （は～わ行）	●50音（は～わ行）を順に読むことができる。 ●50音（は～わ行）を，一文字ずつ見て読むことができる。 ●単語で読むことができる。	（　） （　） （　）
ステップ3 ワーク 3	50音を読もう③ （濁音・半濁音）	●濁音・半濁音を読むことができる。 ●濁音を含む単語を読むことができる。	（　） （　）
ステップ4 ワーク 4	50音を読もう④ （拗音）	●拗音を読むことができる。 ●拗音を含む単語を読むことができる。	（　） （　）

＊ここに掲げたチェックポイントは，この単元でチェックしたい項目をあげています。ワークの内容がすべてこの項目に対応しているわけでは必ずしもありません（以下同）。

11

1 こくご1 ステップ1

50音を読もう①（あ～な行）

月《がつ》　日《にち》　名前《なまえ》

よめるかな？　よめたら　○で　かこみましょう。

あさ
うた
いし
おに
えき
よめたら まるで かこんでね！
な せ そ と
あ に か
た い き す
う ね お
え の
ち て さ
く ぬ こ つ し
け

12

本書の使い方

**この本は，
こんな先生に
おすすめです！**

１文字ずつ見て読めるのに，文章が読めないのはなぜ？
作文が書けないのはなぜ？

子どもがどこでつまずいているのかわからない

だから，個別の指導計画づくり，
短期目標設定に苦労している…

→

指導のステップがわかれば
つまずきがみえます

子どものつまずきがわかれば
学習の手立てがみえます

→

もくじ

コラム

＊ひらがなを読もう／学びのステップ

文章読解に入る前に，ひらがなが正しく読めているかをチェックします（読む力と書く力に差がある子もいますので，ここでは「読む」だけをチェックします)。50音を「順番に言うことができる」子も，一文字ずつ正確に読めているかを確かめてみましょう。

ステップ1 と ステップ2 は，ひらがな50音の読みのチェックです。順番に読むことができるかどうか，次に「これは何？」に答えて順不同で読めるかどうかをチェックします。次に「単語」のまとまりとして読めるかどうかもチェックします。ステップ3 は，濁音・半濁音や，濁音・半濁音を含む単語が読めるかどうかのチェックです。清音で読むことができても，濁点が付くという少しのパターン変更に対応しにくい子もいます。「ながぐつの“ぐ”だね」のように身近な単語の中に濁音・半濁音が含まれていることに気づき，濁音や半濁音を含む言葉を探してみるのもよいでしょう。ステップ4 の拗音も同様です。読めているもの・いないものをチェックし，ひらがなが自信を持って読めるようになったら，文の音読に進みます。

◎ひらがなの読みチェック

ステップ1	ステップ2	ステップ3	ステップ4
ひらがな・清音を読む ①あ～な行	ひらがな・清音を読む ②は～わ行	濁音・半濁音を読む	拗音を読む
□あいうえお	□はひふへほ	□がぎぐげご	□きゃきゅきょ
□かきくけこ	□まみむめも	□ざじずぜぞ	□しゃしゅしょ
□さしすせそ	□や　ゆ　よ	□だぢづでど	□ちゃちゅちょ
□たちつてと	□らりるれろ	□ばびぶべぼ	□にゃにゅにょ
□なにぬねの	□わ　を　ん	□ぱぴぷぺぽ	□りゃりゅりょ
□単語で	□単語で	□単語で	□その他　□単語で

国語 1 ひらがなを読もう

☑ 学びのチェックポイント

			できているかな？
ステップ1 ワーク 1	**50音を読もう①** （あ～な行）	●50音（あ～な行）を順に読むことができる。 ●50音（あ～な行）を，一文字ずつ見て読むことができる。 ●単語で読むことができる。	（　） （　） （　）
ステップ2 ワーク 2	**50音を読もう②** （は～わ行）	●50音（は～わ行）を順に読むことができる。 ●50音（は～わ行）を，一文字ずつ見て読むことができる。 ●単語で読むことができる。	（　） （　） （　）
ステップ3 ワーク 3	**50音を読もう③** （濁音・半濁音）	●濁音・半濁音を読むことができる。 ●濁音を含む単語を読むことができる。	（　） （　）
ステップ4 ワーク 4	**50音を読もう④** （拗音）	●拗音を読むことができる。 ●拗音を含む単語を読むことができる。	（　） （　）

＊ここに掲げたチェックポイントは，この単元でチェックしたい項目をあげています。ワークの内容がすべてこの項目に対応しているわけでは必ずしもありません（以下同）。

1

こくご1　ステップ1

50音を読もう①（あ〜な行）

月《がつ》　日《にち》

名前《なまえ》

よめるかな？　よめたら　○で　かこみましょう。

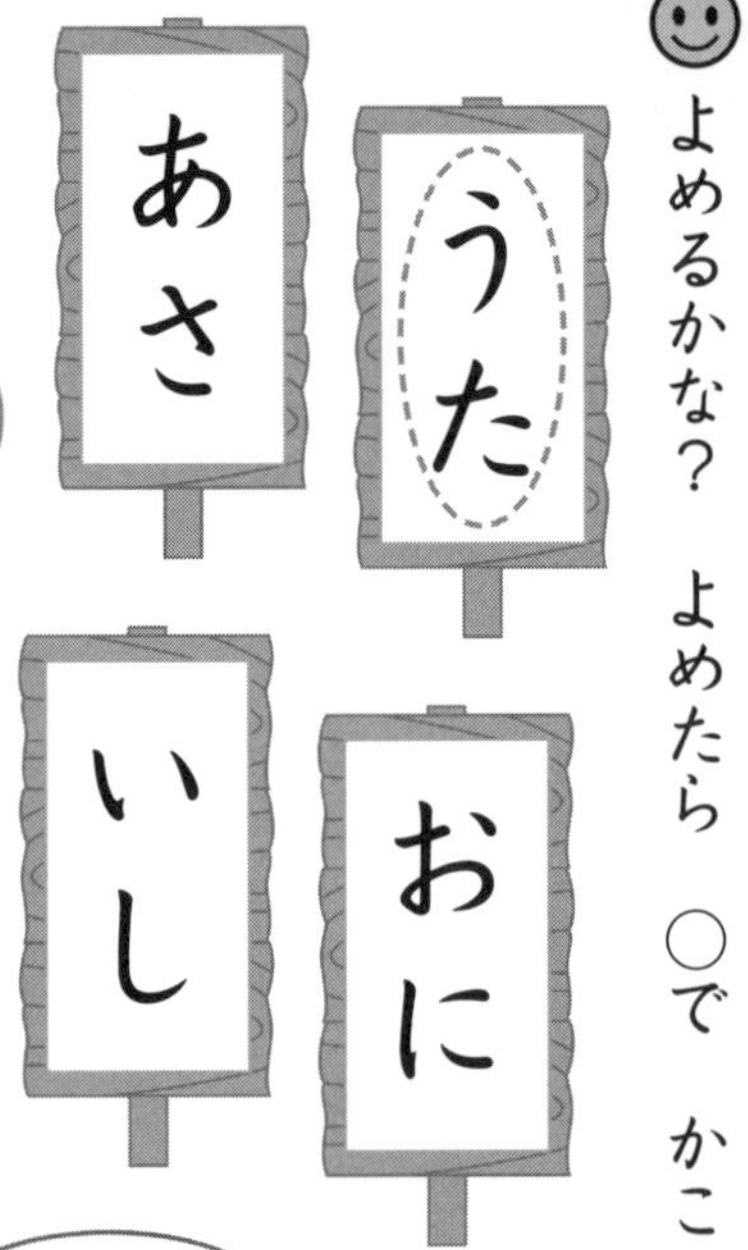

うた
あさ
おに
いし

えき

せ
そ
と
な
に
あ
か
き
た
い
す
お
う
ね
の
え
ち
て
さ
ぬ
く
つ
こ
し
け

よめたら まるで かこんでね！

2　こくご1　ステップ2

50音を読もう②（は〜わ行）

月《がつ》　日《にち》

名前《なまえ》

よめるかな？　よめたら　○で　かこみましょう。

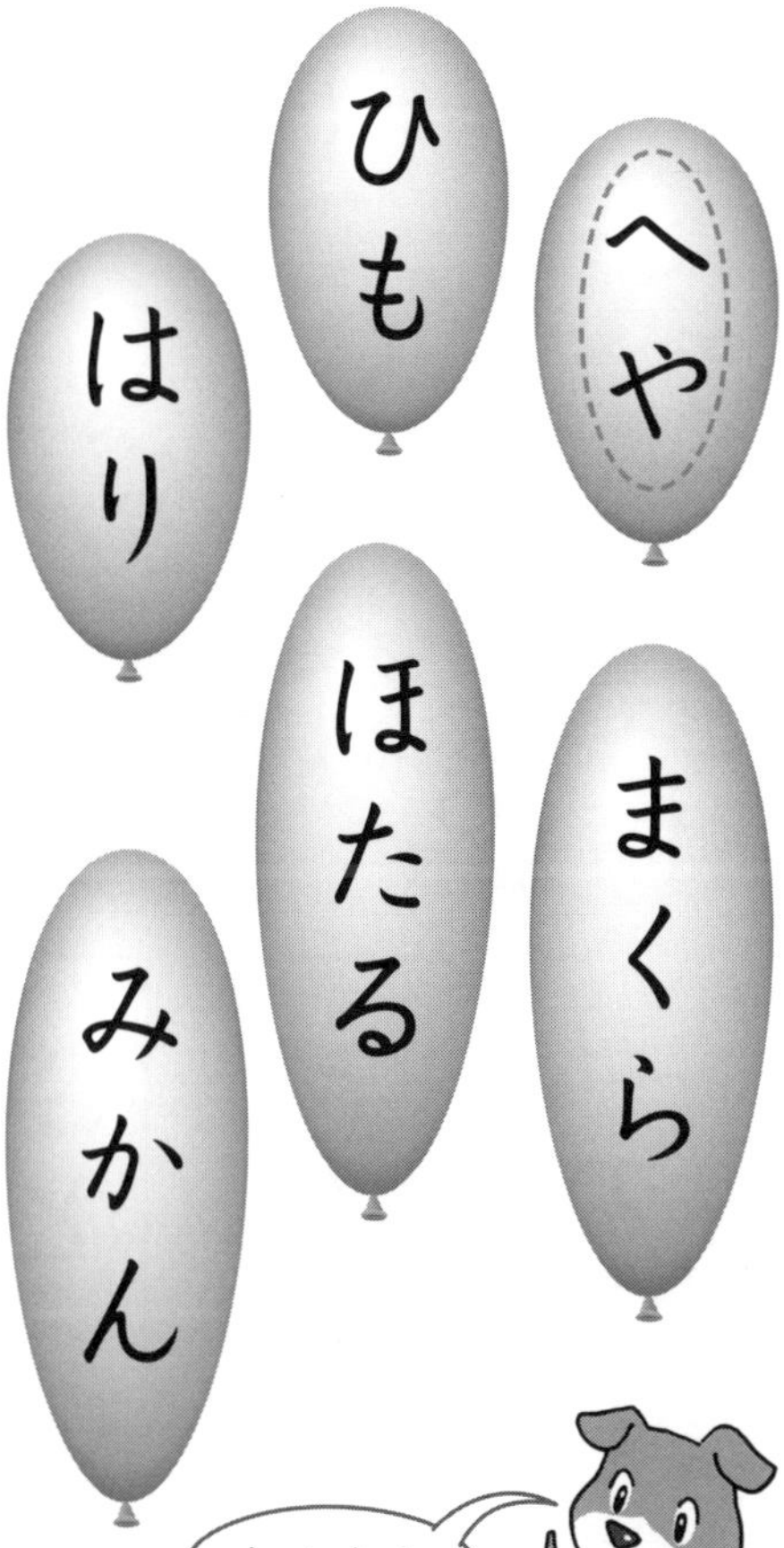
へや
ひも
まくら
ほたる
はり
みかん

よめたら
まるで
かこんでね！

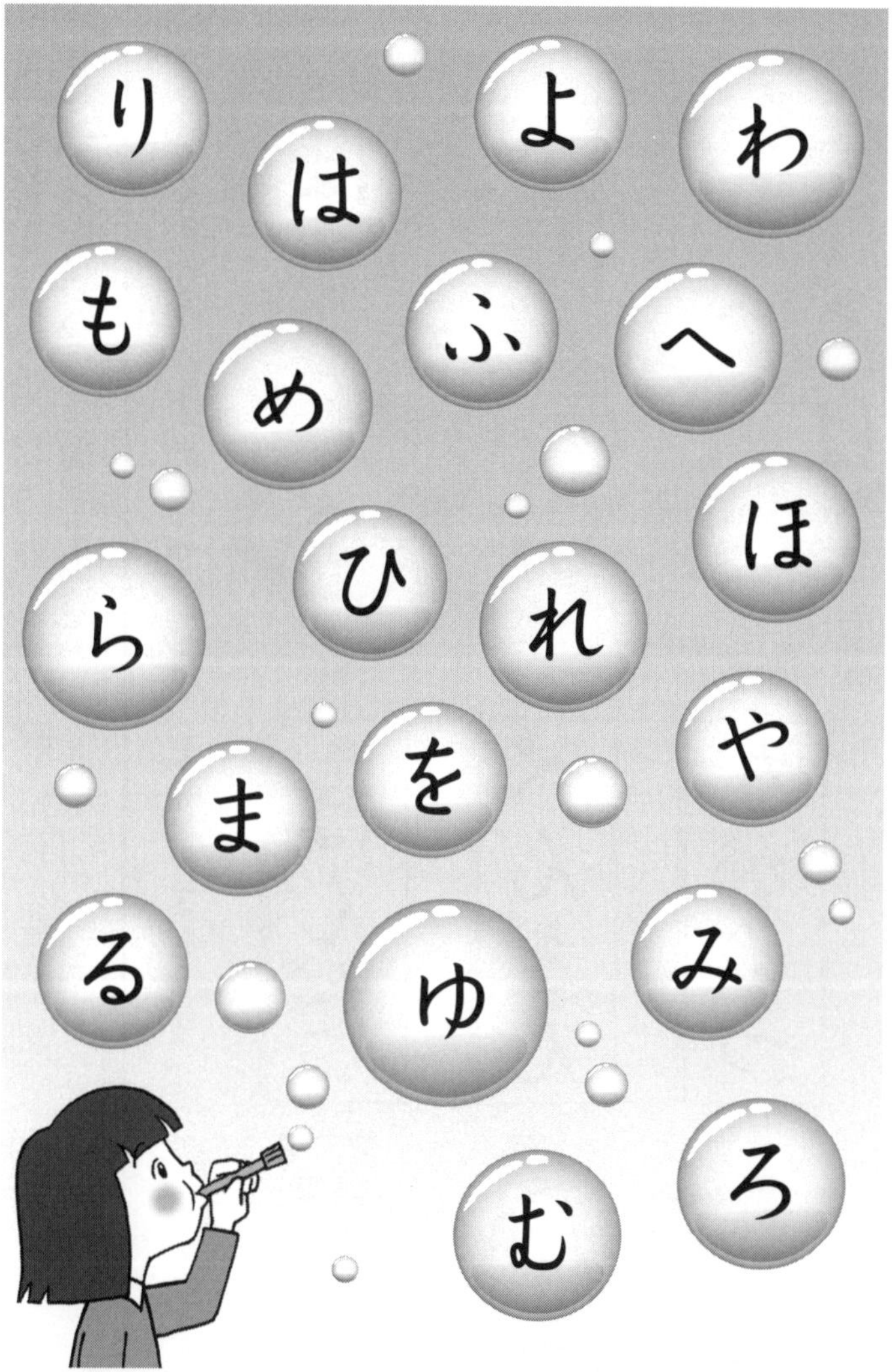
り
は
よ
わ
も
め
ふ
へ
ら
ひ
れ
ほ
ま
を
や
る
ゆ
み
む
ろ

3

こくご1 ステップ3

50音を読もう③（濁音・半濁音）

月《がつ》　日《にち》

名前《なまえ》

よめるかな？　よめたら　○で　かこみましょう。

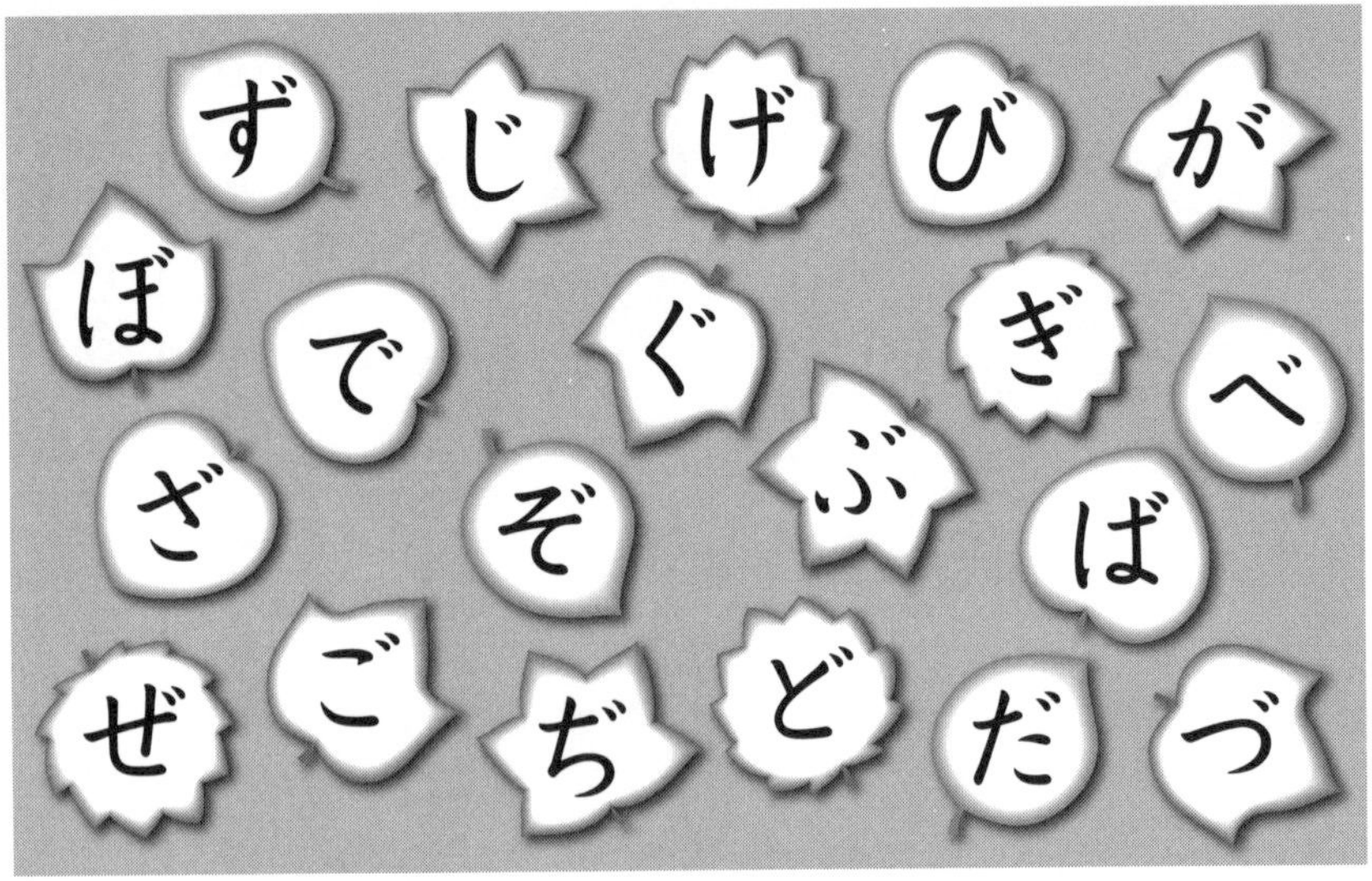

4 こくご1 ステップ4

50音を読もう④（拗音）

月《がつ》　日《にち》
名前《なまえ》

よめるかな？　よめたら　○で　かこみましょう。

ちいさい　もじに
きをつけて　よもう

ひゃくえん

りょこう

きょうりゅう

しゃしん

どちらが　ただしい？

ぎゅうにゅう

ぎうにう

＊カタカナを読もう／学びのステップ

カタカナが正しく読めているかをチェックします（ひらがな同様，読む力と書く力に差がある子もいますので，ここでは「読む」だけをチェックします)。50音を「順番に言うことができる」子も，一文字ずつ正確に読めているかを確かめてみましょう。

ステップ１ と ステップ２ は，カタカナの50音が読めるかどうかのチェックです。順番に読むことができるかどうか，次に「これは何？」に答えて順不同で読めるかどうかをチェックします。次に「単語」のまとまりとして読めるかどうかも見てみます。身近なところで，カタカナで表記される「外国からきたことば」を探してみてもよいでしょう。ステップ３ は，濁音・半濁音や，濁音・半濁音を含む単語が読めるかどうかのチェックです。カタカナ表記される動物の鳴き声や音などを，楽しく覚え，他にどんな声や音をカタカナ表記にするか，探してみるとよいでしょう。ステップ４ の拗音も同様です。読めているもの・読めていないものをチェックします。

◎カタカナの読みチェック

ステップ1	ステップ2	ステップ3	ステップ4
カタカナ清音を読む ①ア～ナ行	カタカナ清音を読む ②ハ～ワ行	濁音・半濁音を読む	拗音を読む
□アイウエオ □カキクケコ □サシスセソ □タチツテト □ナニヌネノ □単語で	□ハヒフヘホ □マミムメモ □ヤ　ユ　ヨ □ラリルレロ □ワ　ヲ　ン □単語で	□ガギグゲゴ □ザジズゼゾ □ダヂヅデド □バビブベボ □パピプペポ □単語で	□キャキュキョ □シャシュショ □チャチュチョ □ニャニュニョ □リャリュリョ □その他　□単語で

国語 2 カタカナを読もう

☑ 学びのチェックポイント

			できているかな？
ステップ1 ワーク 5	**カタカナを読もう①** （ア～ナ行）	●50音（ア～ナ行）を順に読むことができる。 ●50音（ア～ナ行）を，一文字ずつ見て読むことができる。 ●単語で読むことができる。	（　） （　） （　）
ステップ2 ワーク 6	**カタカナを読もう②** （ハ～ワ行）	●50音（ハ～ワ行）を順に読むことができる。 ●50音（ハ～ワ行）を，一文字ずつ見て読むことができる。 ●単語で読むことができる。	（　） （　） （　）
ステップ3 ワーク 7	**カタカナを読もう③** （濁音・半濁音）	●濁音・半濁音を読むことができる。 ●濁音を含む単語を読むことができる。	（　） （　）
ステップ4 ワーク 8	**カタカナを読もう④** （拗音）	●拗音を読むことができる。 ●拗音を含む単語を読むことができる。	（　） （　）

5

こくご2 ステップ1

カタカナを読もう①（ア～ナ行）

月《がつ》　日《にち》

名前《なまえ》

よめるかな？　よめたら　○で　かこみましょう。

ソース
ケーキ
スキー
ノート

ー が入ると
のばして
よむんだね

ア ツ ウ ヌ
タ イ ソ サ
チ シ ニ
カ ス
キ エ ナ オ
ネ ク ケ
セ ト コ
テ ノ

6

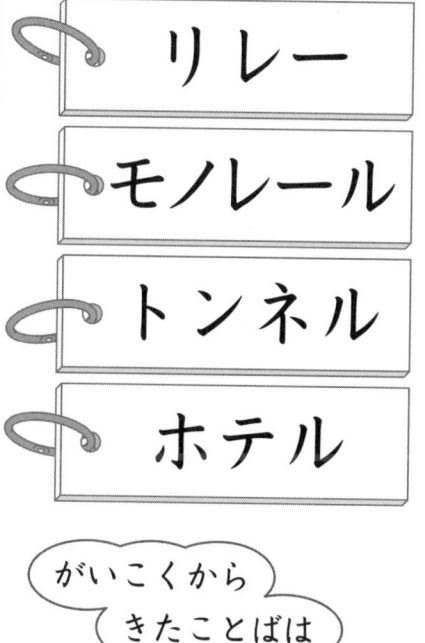

こくご2 ステップ2

カタカナを読もう②（ハ～ワ行）

月《がつ》　日《にち》

名前《なまえ》

よめるかな？　よめたら　○で　かこみましょう。

リレー

モノレール

トンネル

ホテル

がいこくから
きたことばは
カタカナで　かくよ

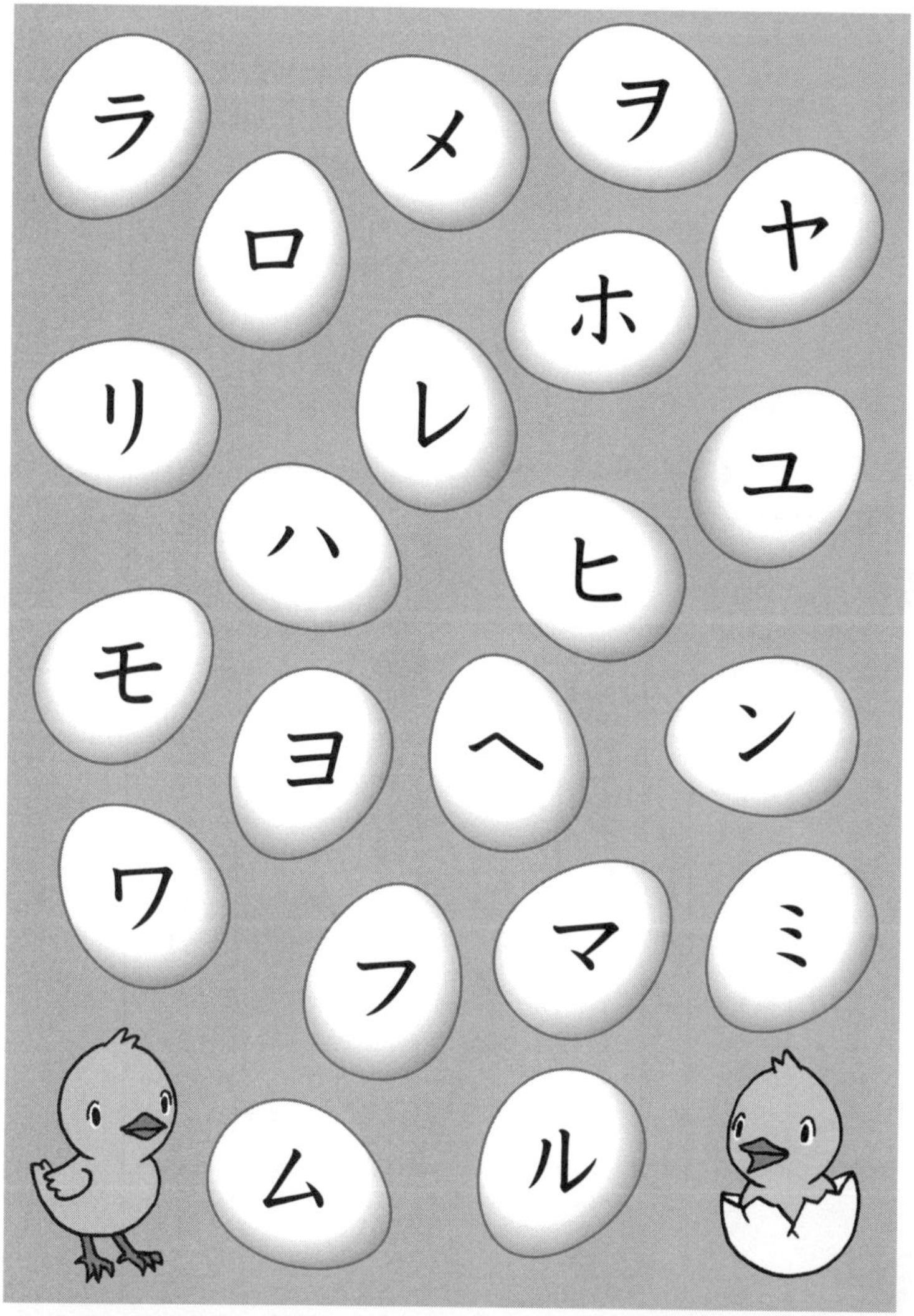

ラ
メ
ヲ
ロ
ヤ
ホ
リ
レ
ユ
ハ
ヒ
モ
ヨ
ヘ
ン
ワ
フ
マ
ミ
ム
ル

7 こくご2 ステップ3

カタカナを読もう③（濁音・半濁音）

月《がつ》　日《にち》

名前《なまえ》

よめるかな？　よめたら　○で　かこみましょう。

パ
ペ
ピ
プ
ポ

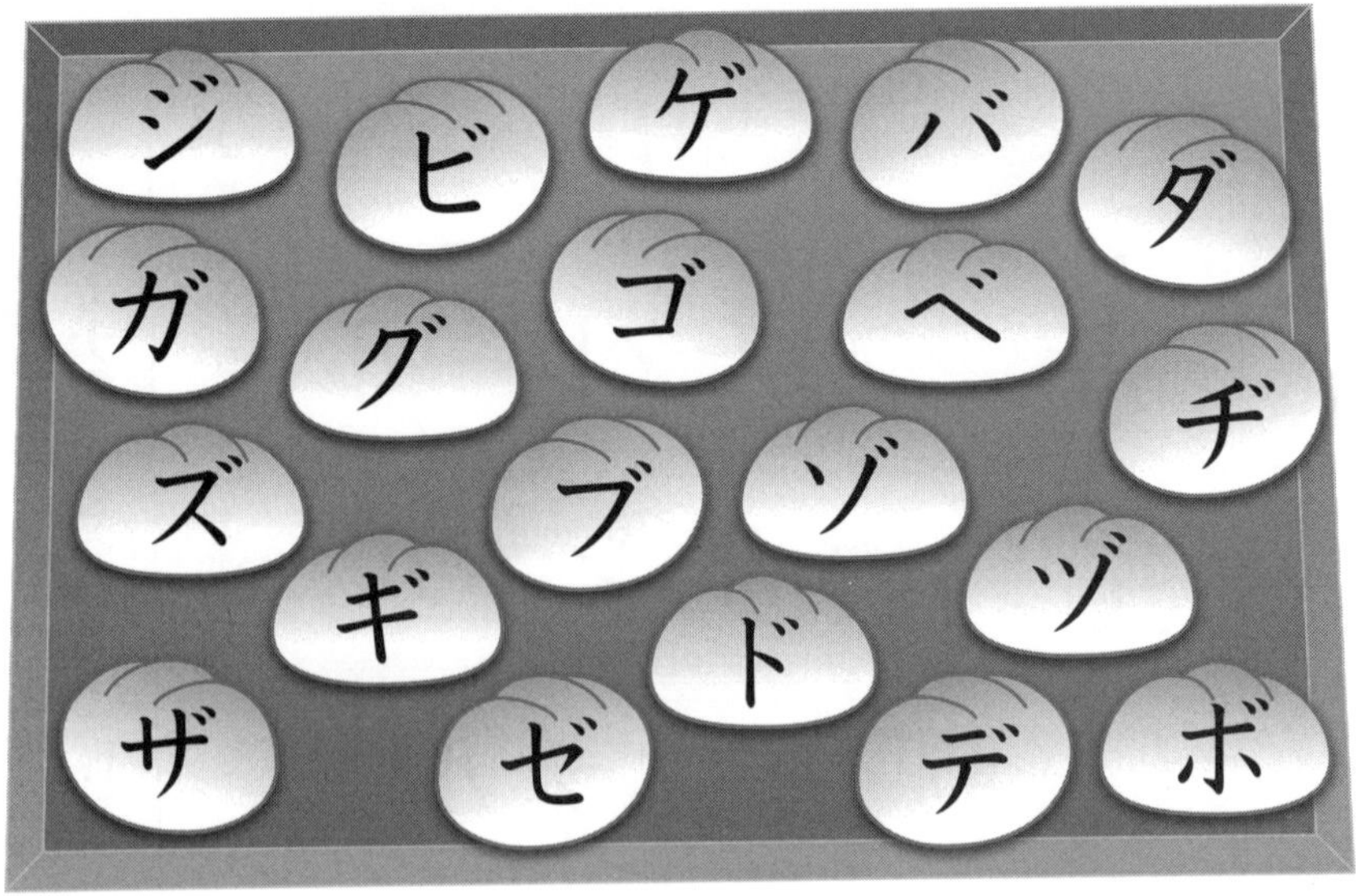
ジ
ビ
ゲ
バ
ダ
ガ
グ
ゴ
ベ
ヂ
ズ
ブ
ゾ
ヅ
ギ
ド
ザ
ゼ
デ
ボ

パン

プリン

パイナップル

ハンバーグ

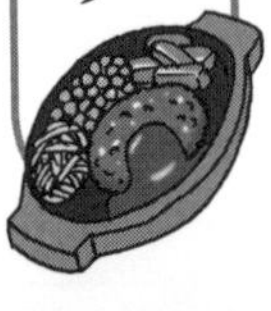

ベッド

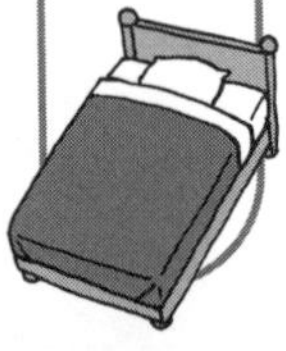

バット

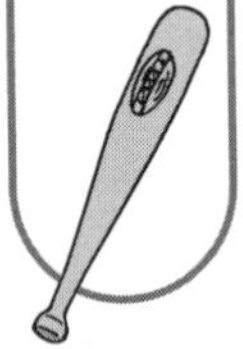

小さい「ッ」は、
〝つまる〟音《おと》だよ

8

こくご2　ステップ4

カタカナを読《よ》もう④（拗音）

月《がつ》　日《にち》

名前《なまえ》

よめるかな？　よめたら　○で　かこみましょう。

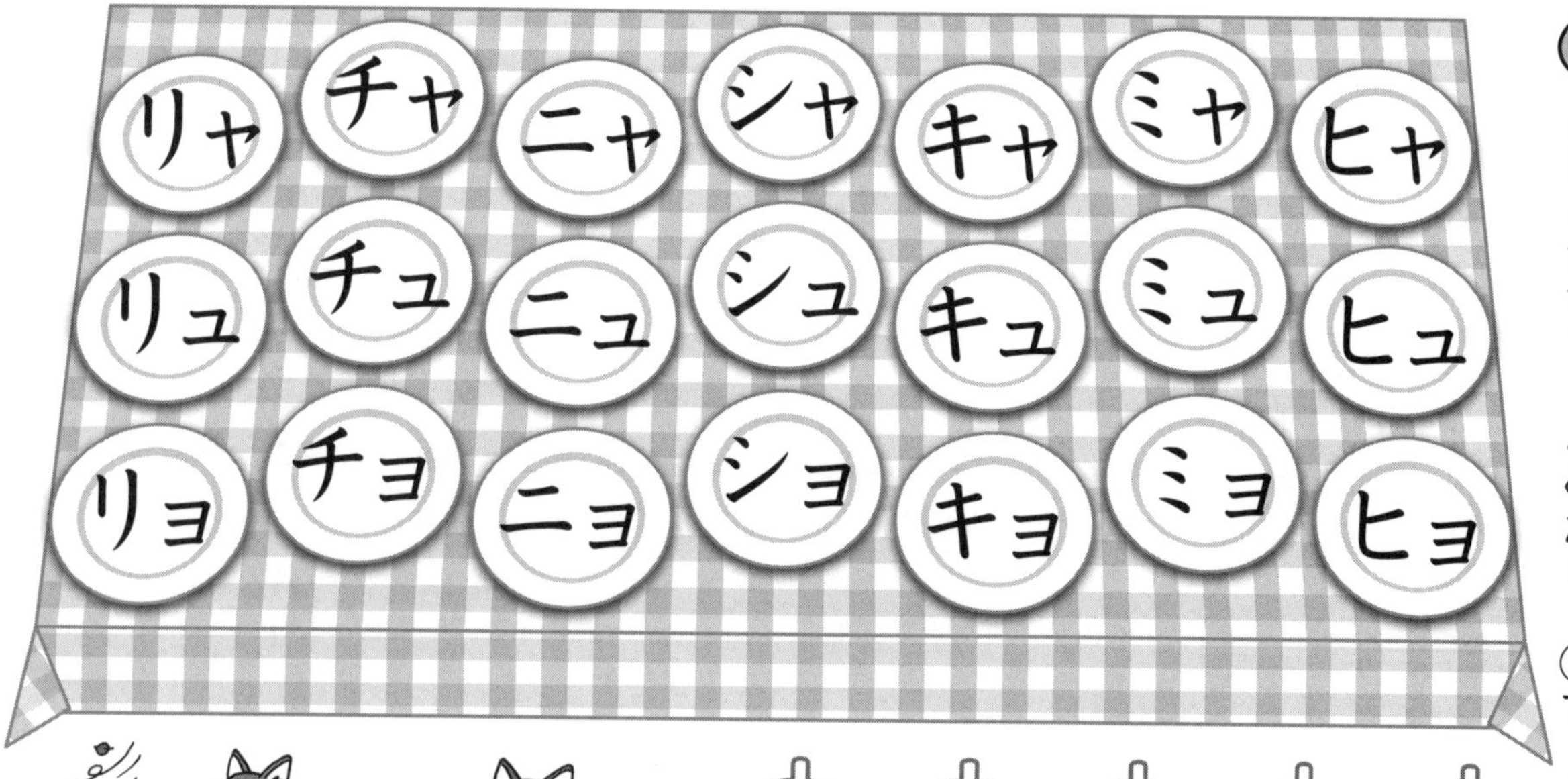

ヒャ　ミャ　キャ　シャ　ニャ　チャ　リャ
ヒュ　ミュ　キュ　シュ　ニュ　チュ　リュ
ヒョ　ミョ　キョ　ショ　ニョ　チョ　リョ

チョコレート

キャラメル

シチュー

ニュース

シュークリーム

ニャーニャー
チュンチュン
キャンキャン
ビュービュー

どうぶつの声《こえ》や　音《おと》も
カタカナで　あらわすよ

＊短い文を読もう（二語文）／学びのステップ

文章読解の基礎の基礎。短い一文の読み取りです。ステップ１は二語文の音読です。その前に50音が読めて，単語のまとまりとして読めるかどうか確認しましょう。もしも50音が確実でなければ，文字学習のレディネスから練習しましょう。指で一文字ずつ追うなどして，助詞を入れて正確に読めるかどうか確かめます。ステップ２は読んだ文の内容について，設問に答えます。「なにを？」「どうする？」などの設問で，「①何を聞かれているか」理解し，「②その答えは文中のどの部分か」を判断できることが必要です。ステップ３は，少し違うパターン，「なに（だれ）は・どんなだ」「なに（だれ）は・なんだ」の文を読み取る練習です。

「だれ」⇒「お母さん」，「なに」⇒「りんご」など，主語は具体的でわかりやすいのに対し，「どうする」「どんなだ」の部分はイメージしにくい子もいます。イラストなども手がかりにして意味を確認するとよいでしょう。ステップ４でつながりのある文を読み，状況をイメージしながら設問に答えます。

◎読みと読み取りのチェック

（単語を読む）⇒ 二語文

ステップ１　　ステップ２～４

音読	「なに(だれ)」の読み取り	「どうする」「どんなだ」「なんだ」の読み取り

国語 3 短い文を読もう（二語文）

☑ 学びのチェックポイント

できているかな？

ステップ1 ワーク 9	二語文の音読	●（50音）単語が読める。 ●二語文が声に出して読める。 ●二語文を読んで状況をイメージすることができる。	（　　） （　　） （　　）
ステップ2 ワーク 10	二語文の読み取り①	●身近な「なに（だれ）を・どうする」の文を読んで，設問に答えることができる。	（　　）
ステップ3 ワーク 11	二語文の読み取り②	●身近な「だれ（なに）は（が）・どんなだ」「だれ（なに）は（が）・なんだ」の文を読んで，設問に答えることができる。	（　　）
ステップ4 ワーク 12	二語文の読み取り③	●いろいろな二語文を読んで，状況をイメージし，設問に答えることができる。	（　　）

9 こくご3 ステップ1 二語文の音読

月《がつ》　日《にち》
名《な》前《まえ》

文《ぶん》をよんで　まるを　つけましょう。

はな　が　さく

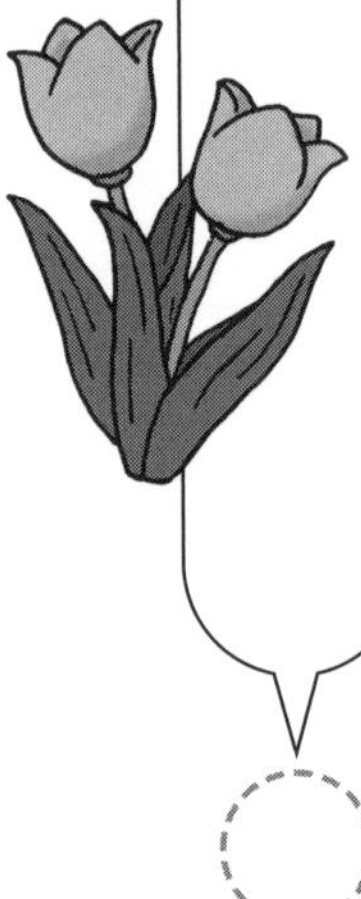

いぬ　が　はしる

あかちゃん　は　かわいい

りんご　は　くだものです

10 こくご3 ステップ2

二語文の読み取り①

月《がつ》　日《にち》

名前《なまえ》

文《ぶん》をよんで　しつもんに　こたえましょう。

ほんを

よむ

● なにを

● どうする

ごはんを

たべる

● どうする

● なにを

11 こくご3 ステップ3

二語文の読み取り②

月《がつ》　日《にち》

名前《なまえ》

文《ぶん》をよんで　しつもんに　こたえましょう。

そらは　あおい

● なにが　あおい？

● そらは　なにいろ？

くもは　しろい

● くもは　なにいろ？

● なにが　しろい？

12 こくご3 ステップ4

二語文の読み取り③

月《がつ》　日《にち》

名前《なまえ》

文《ぶん》をよんで　しつもんに　こたえましょう。

いもうとが　きました。

● だれが　きた？

えきに　いく。

● どこへ　いく？

3じに　いきます。

● なんじに　いく？

きっぷを　かう。

● きっぷを　どうする？

＊短い文を読もう（三語文）／学びのステップ

二語文が読めたら，三語文の読み取りです。二語文から三語文になるというだけでも，大きなステップアップに感じる子もいますので，最初に読んであげたり一緒に読んであげたりして，負担なく読めるよう工夫してあげましょう。ステップ1 は三語文の音読です。読むことと同時に意味をとっていくことや状況をイメージすることが苦手，という子も多いもの。読んだ後で「どんなことが書いてあったか」確認するとよいでしょう。ステップ2 は読んだ文の内容について，設問に答えます。「いつ？」「だれが？」「どうする？（どうした？）」などの言葉を理解し，設問に答えながら，文がどのような内容で構成されているか気づけるように学習しましょう。一人で設問に答えることが難しい場合，自信がなさそうな場合には，マーカーで該当箇所に色をつけるなどして，「聞かれている部分がどこか」を見える形で示してあげましょう。ステップ3 は，「ようす」「きもち」など「抽象的な内容」や，「理由」にあたる部分を読み取ります。ステップ4 でつながりのある文を読み，状況をイメージしながら設問に答える練習をします。

◎読みと読み取りのチェック

（二語文の読み取り）⇒ 三語文

ステップ1

ステップ2～ステップ4

音読	「いつ」	「だれが」	「どこで」	「どうする」（どうした）	「どうして」（りゆう）	ようす きもち

国語 4 短い文を読もう（三語文）

☑ 学びのチェックポイント

			できているかな？
ステップ1 ワーク 13	三語文の音読	●三語文が声に出して読める。 ●三語文を読んで状況をイメージすることができる。	（　　） （　　）
ステップ2 ワーク 14	三語文の読み取り①	●身近な三語文を読んで，設問「いつ」「だれ（なに）が」「どこで」「どうする（どうした）」に答えることができる。	（　　）
ステップ3 ワーク 15	三語文の読み取り②	●身近な三語文から「ようす」「きもち」「理由」を読み取ることができる。	（　　）
ステップ4 ワーク 16	三語文の読み取り③	●いろいろな三語文を読んで，状況をイメージし，設問に答えることができる。	（　　）

13 こくご4 ステップ1

三語文の音読

文《ぶん》をよんで まるを つけましょう。

月《がつ》 日《にち》

名前《なまえ》

おおきな こえで よみます。

ぼくは いちねんせいに なりました。

あたらしい せんせいが きました。

ともだちの なまえを おぼえました。

こくごと さんすうが だいすきです。

えんぴつを 5ほん けずりました。

けしごむを ともだちから かりました。

しゅくだいを ひとりで がんばります。

14 こくご4 ステップ2
三語文の読み取り①

月《がつ》　日《にち》
名前《なまえ》

文《ぶん》をよんで　しつもんに　こたえましょう。

せんせいが
じてんしゃに
のっています。

- だれが？
- なにに？
- どうしている？

おにいさんが
おふろに
はいります。

- だれが？
- なにに？
- どうする？

15 こくご4 ステップ3 三語文の読み取り②

月《がつ》　日《にち》
名前《なまえ》

文《ぶん》をよんで　しつもんに　こたえましょう。

はが　いたいので　ないた。

● どうして　ないたの？

おかあさんに　しかられたので　ないた。

● どうして　ないたの？

ともだちに　あえたから　うれしい。

● どうして　うれしいの？

えんそくに　いくから　うれしい。

● どうして　うれしいの？

16 こくご2 ステップ4 三語文の読み取り③

月《がつ》　日《にち》
名前《なまえ》

文《ぶん》をよんで　しつもんに　こたえましょう。

えきで　きっぷを　なくした。

- どうした
- なにを
- どこで

おかあさんが　にんじんを　かった。

- なにを
- だれが
- どうした

にちようびに　えいがを　みた。

- なにを
- どうした
- いつ

＊一～二文を読もう／学びのステップ

句点が一つの“一文”から，５Ｗ１Ｈを読み取って答える問題です。ステップ1は音読です。「読み取った内容」をイラストに描いてみるなどして，理解を深めましょう。

ステップ2は，文から「いつ？」「だれが？」「どうした？」など，５Ｗ１Ｈを読み取って答えます。一人で設問に答えることが難しい場合，自信がなさそうな場合には，マーカーで該当箇所に色をつけるなどして，「何を聞かれているのか」「答えにあたる部分はどこか」を見える形で示してあげましょう。ステップ3は，「ようす」「きもち」など「抽象的な内容」や，「理由」にあたる部分を読み取ります。ステップ4でストーリーのある文を読み，設問に答えるだけでなく，自分のことと関連づけて考えてみます。

◎読みと読み取りのチェック

（三語文の読み取り）⇒ 一文

ステップ1	ステップ2～ステップ3				ステップ4
音読	「いつ」	「だれが」	「どこで」	「どうした」	ようす きもち

国語 5 一～二文を読もう

☑ 学びのチェックポイント

			できているかな？
ステップ1 ワーク 17	一文の音読	●一文の音読ができる。 ●一文を読んで状況をイメージすることができる。	（　） （　）
ステップ2 ワーク 18	一文の読み取り	●一文を読んで，設問「いつ」「だれ（なに）が」「どこで」「どうした」に答えることができる。	（　）
ステップ3 ワーク 19	二文の読み取り①	●二文を読んで，設問「いつ」「だれ（なに）が」「どこで」「どうした」に答えることができる。	（　）
ステップ4 ワーク 20	二文の読み取り②	●二文を読んで，状況をイメージし，設問に答えることができる。 ●文の内容と自分のことを関連づけることができる。	（　） （　）

17 こくご5 ステップ1

一文の音読

月《がつ》　日《にち》

名前《なまえ》

文《ぶん》をよんで　まるを　つけましょう。

のりこさんは　スーパーへ　かいものに
いきました。

はじめに　たまごと　ぎゅうにゅうを
かいました。

つぎに　さとうと　こむぎこを
かいました。

いえで　おかあさんと　ホットケーキを
つくりました。

とても　おいしい　ホットケーキが
できました。

18 こくご5 ステップ2

一文の読み取り

月《がつ》　日《にち》

名前《なまえ》

文《ぶん》をよんで　しつもんに　こたえましょう。

もくようびに
がっこうで
おんがくかいが
あります。

●いつ？

●どこで？

●なにがある？

さゆりさんは
きのう
おにいさんと
レストランで
カレーライスを
たべました。

●いつ？

●だれが？

●だれと？

●どこで？

●なにをたべた？

19 こくご5 ステップ3 二文の読み取り①

月《がつ》　日《にち》
名前《なまえ》

文《ぶん》をよんで　しつもんに　こたえましょう。

きょうこさんは　水《すい》よう日《び》、
はなまるスーパーへ　おつかいに
いきました。かったものは
にんじんと　じゃがいもと　ぶたにくです。

① いつ、だれが　どこへ　いきましたか？

いつ

だれが

どこへ

② きょうこさんが　かった　ものを　ぜんぶ
かきましょう。

二文の読み取り②

月《がつ》　日《にち》　名前《なまえ》

文《ぶん》をよんで　しつもんに　こたえましょう。

ゆうきくんは　あさ、テレビで　てんきよほうを　みました。ちばけんの　きょうの　てんきは、はれ　ときどき　くもり　だそうです。

① ゆうきくんは　テレビで　なにを　みましたか？

② ちばけんの　きょうの　てんきは　なんですか？

たかしくんは、火《か》よう日《び》に　がっこうを　やすみました。まえのひのよる　おなかが　いたく　なったからです。

① いつ　だれが　がっこうを　やすみましたか？

いつ

だれが

② たかしくんは　どうして　がっこうを　やすんだのですか？

音楽会はどこであるのかな？　教室であるのかな？」

さとし：「きょうしつ！」

先生：「あれ？　教室って書いてあったかな？　ここを見て。『どこで』の答えは，ここよ？」(「がっこう」を指して囲む)

さとし：(「がっこう」を見て)「がっこうで！」

先生：「そう，学校だね。じゃあ，木曜日に，学校で，『何が』あるのかな？（「おんがくかい」を指して囲む)

さとし：「おんがくかい！」

(答えを書いたあとで)

先生：「じゃあもう一度聞きます。木曜日に学校で音楽会があります。音楽会は，いつありますか？」

さとし：「もくようび！」

先生：「音楽会はどこでありますか？」

……と続く。

「いつ」「どこで」「だれが」「何をする（した)」等を，文中から一緒に探して読み取ります（最初は「ここに書いてあった！」と「見つける」感覚で)。口頭で楽しくやり取りすることがポイントです。

コラム① どんなことが書いてあった？
～音読はできるのに意味がわからないさとし君～（ワーク18）

音読がスムーズにできても，意味がわかっていない子がいます。言葉の理解が十分でなかったり，「読みながら，その意味を考える」という二つのことが同時にうまくできなかったりする子どもたちです。さとし君と先生のやり取りを見てみましょう。

先生：「さとし君，この四角い枠の中の文を読んでみてね。何て書いてあるのかな？」

さとし：（プリント教材を見て）「もくようびにがっこうでおんがくかいがあります」

先生：「はい，とても上手に読めました。何について書いてあった？」

さとし：「……」「もくようびに　がっこうで　おんがくかいがあります」（と繰り返し読む）

先生：「そう，音楽会があるって書いてあったよね。音楽会は，いつあるのかな？」

さとし：「いつ……？」（いつの意味がわからない）

先生：「『いつ』は時間とか曜日に関することよ。音楽会は何曜日にあるって書いてある？　水曜日かな？」

さとし：「あ，もくようび！」

先生：そう，ここに木曜日って書いてあるね（「もくようび」を囲む）。じゃあ，おんがくかいはどこであるのかな？」

さとし：「どこで……？」（どこでの意味がわからない）

先生：「『どこで』は，場所のことよ。さとし君が今先生と勉強しているのは『教室』だよね。じゃあ，

＊「学校の中の文章」を読もう／学びのステップ

学校生活の中でよく目にする掲示物やお知らせから，情報を正しく読み取って答える教材です。どの学校にもありそうな，どの子も一度は目にしたような掲示物を題材に，書かれている内容に興味を持って読み取ることができるよう工夫してすすめます。

ステップ1 ステップ2 は，時間割表と給食の献立表です。「水曜日の３時間目」などの読み方ができているかどうか，また「体育のある日は何曜日？」などが正しく読み取れるでしょうか。その子に合わせて色々な質問を作ってあげてください。子どもたちが興味を持って読み取れるようにすることがポイントです。「あなたの学校にはどんな教科がある？」「あなたが好きな教科は何？」など質問を加えてみてあげてください。

ステップ3 は，黒板に書いてある内容を読み取る教材です。子どもたちが日々の連絡帳に書くような内容を理解しているかどうか，たしかめてみます。「明日は何があるのか」「２時間目が終わったらどうしたらよいのか」や，「明日のもちもの」などを読み取ります。その他，「この日の日直はだれ？」「いつの連絡かな？」など質問にはない内容も理解できているかどうか確かめてみてください。ステップ4 は，イベントの「お知らせ文」。「いつ」「どこで」「何があるか」などの情報を正確に読み取ることがポイントです。実際に参観日や運動会のお知らせ文をつかって大事な情報を読み取る練習をしてもよいでしょう。また，学校で実際にあった行事をお知らせ文に書いてみるのも，情報を整理できるよい練習です。

国語 6 「学校の中の文章」を読もう

☑ 学びのチェックポイント

できているかな？

ステップ1 ワーク 21	「時間割り表」を読もう	●時間割表を読み取ることができる。 ●表全体を見て設問に答えることができる。 （例：体育がある曜日を全て書きましょう）	（　） （　）
ステップ2 ワーク 22	「給食のメニュー」を読もう	●指示された日の給食のメニューを正確に読み取ることができる。 ●全体の情報を読み取って，判断することができる。 （例：あなたが一番好きなのはいつのこんだて？）	（　） （　）
ステップ3 ワーク 23	「黒板のれんらく」を読もう	●明日の予定を読み取ることができる。 ●いつ，どうしたらよいかがわかる。 （例：２時間目が終わったらどうしますか？） ●もちものを正確に読み取ることができる。	（　） （　） （　）
ステップ4 ワーク 24	「お知らせ文」を読もう	●いつ・どこでパーティーがあるかがわかる。 ●いつ，どうしたらよいかがわかる。 ●当日の予定を読み取ることができる。	（　） （　） （　）

21

こくご6 ステップ1

「時間割り表」を読もう

月《がつ》　日《にち》

名前《なまえ》

時間《じかん》わり表《ひょう》をよく見《み》て　もんだいに答《こた》えましょう。

さくらんぼ小学校 3年2組

時間《じかん》わり

	月	火	水	木	金
1	国語《こくご》	道《どう》とく	体育《たいいく》	社会《しゃかい》	国語《こくご》
2	理科《りか》	国語《こくご》	理科《りか》	体育《たいいく》	音楽《おんがく》
3	社会《しゃかい》	図工《ずこう》	算数《さんすう》	国語《こくご》	算数《さんすう》
4	音楽《おんがく》	図工《ずこう》	国語《こくご》	算数《さんすう》	図工《ずこう》
きゅうしょく					
5	算数《さんすう》	学級《がっきゅう》活動《かつどう》		書写《しょしゃ》	体育《たいいく》
6	英語《えいご》			道《どう》とく	

何《なん》年何《なん》組の時間《じかん》わりですか？

◯年◯組

6時間目《じかんめ》まであるのは何《なん》よう日？ ○でかこみましょう。

月・火・水・木・金

学級活動《がっきゅうかつどう》は、

◯よう日の◯時間目《じかんめ》

水よう日の2時間目《じかんめ》は何ですか？

体育《たいいく》があるのは何よう日？ ○でかこみましょう。

月・火・水・木・金

書写《しょしゃ》は、

◯よう日の◯時間目《じかんめ》

22 こくご6 ステップ2

「給食のメニュー」を読もう

月《がつ》　日《にち》　名前《なまえ》

こんだて表《ひょう》をよく見《み》て　もんだいに答《こた》えましょう。

花まる小学校　10月のこんだて表《ひょう》

1日（火）	2日（水）	3日（木）	4日（金）
くりごはん たまごやき かぼちゃのサラダ にんじんスープ なし ぎゅうにゅう	ジャムパン からあげ おひたし たまごスープ ヨーグルト ぎゅうにゅう	カレーライス にんじんサラダ みかんゼリー ぎゅうにゅう	ごはん なっとう さけフライ みそしる りんご オレンジジュース

10月2日のこんだてを書《か》きましょう。

-
-
-
-
-
-

カレーライスが出る日は何《なん》日、何《なん》よう日？

10月□日□よう日

オレンジジュースが出る日は何《なん》日、何《なん》よう日？

10月□日□よう日

あなたが　いちばんすきなのは、いつのこんだて　ですか？

1日・2日・3日・4日

23 こくご6 ステップ3

「黒板のれんらく」を読もう

月《がつ》　日《にち》
名前《なまえ》

黒板《こくばん》をよく見《み》て　もんだいに答《こた》えましょう。

4月9日（月）

日直《にっちょく》　林　さなえ
田中たろう

明日《あす》のよてい

●音楽会《おんがくかい》があります。
9時《じ》になったら、リコーダーをもって、体育館《たいいくかん》へ行《い》きます。

●身体《しんたい》そくていがあります
（3、4時間《じかん》目）。
2時《じ》間《かん》目がおわったら、体《たい》そうふくに着《き》がえて、ならんで保《ほ》けん室《しつ》へ行きます。

●もちもの
リコーダー
体《たい》そうふく
マスク

◎わすれものに　ちゅうい！

●明日《あす》は何と何がありますか。

●9時《じ》になったらどうしますか。

●2時《じ》間《かん》目がおわったらどうしますか。

24

こくご6 ステップ4

「お知らせ文」を読もう

つぎの「お知《し》らせ」をよんで もんだいに答《こた》えましょう。

月《がつ》　日《にち》

名前《なまえ》

パーティーは いつ ありますか

パーティーは どこで ありますか

3年2組《くみ》のみんなは、
いつ、どこへ 集《あつ》まったらいいですか

パーティーでは
どんなことをするのでしょうか

3年《ねん》2組《くみ》

ハロウィンパーティーのお知《し》らせ

クラスみんなで楽《たの》しい
パーティーをしましょう。

■日時《にちじ》：10月30日（木） 5時間《じかん》目

■場所《ばしょ》：音楽室《おんがくしつ》

昼休《ひるやす》みにかざりつけをするので、
みんな音楽室《おんがくしつ》に集《あつ》まってください。

■プログラム

①はじめのことば（たかはし君）

②かそう大会

③ゲーム大会（まちがいさがし・くじびき）

④先生のお話

⑤おわりのことば（あおい君）

＊「友だちが書いた文章」を読もう／学びのステップ

学校生活の中で子どもたちがよく書くような文章から必要な情報を読み取る教材です。子どもたちが「身近なこと」としてイメージしやすい内容を扱っています。

ステップ１ は，日記文の読み取りです。「ゆうき君」が書いたある一日の日記から，「いつ」「どんなことがあったのか」を読み取り，設問で聞かれている答えがどこに書いてあるかを探して，読み取ります。

ステップ２ は，ペット紹介です。「ぼく」の犬について書かれた文章から，「どんなペットか」を読み取るだけでなく，「ペットしょうかい」カードに情報を整理して書き入れます。実際に子どもが飼っているペットがあれば，同じようなカードを作ってみるのもよいでしょう。ステップ３ は，ゆりさんの作文です。ゆりさんが書いている内容を読み取って，設問に答えます。「どうしていますか」「どんなようすでしたか」「これから○○したいと思っていることは何ですか」など，少しパターンのちがう設問にも答えられるようにします。ステップ４ は，「ぼく」が席がえをしたことについて書いた文章です。文章を読み取るだけでなく，実際にその内容を「席がえ表」に書き表してみることで，書いてある内容をより具体的にイメージすることができます。

いずれも子どもたちの生活に身近な文章ですので，実際に子どもが書いた日記や日誌，作文や報告文などを「読み取り教材」にしてあげるのもよいでしょう。また，「いつ」「だれが」のような具体情報はすぐに見つけることができても，「どんな○○ですか」となると，答えに該当する箇所がどこなのか，わかりにくくなる子もいるでしょう。一人でむずかしい場合には，該当する箇所に線やマーカーを引いて文章の内容を整理しながら読めるよう支援します。

国語 7 「友だちが書いた文章」を読もう

☑ 学びのチェックポイント

			できているかな？
ステップ1 ワーク 25	「日記」を読もう	●日記文から「いつ」を読み取る。 ●日記文から「どんなことがあったのか」を読み取る。	（　） （　） （　）
ステップ2 ワーク 26	「しょうかい文」を読もう	●名前や年齢，「好きな〇〇」「きらいな〇〇」などの情報を読み取る。 ●読み取った情報をカードに書き入れることができる。	（　） （　）
ステップ3 ワーク 27	「作文」を読もう①	●作文から，「誰が」「どうしているか」「どんなようすか」「これから〇〇したいこと」などを読み取る。	（　）
ステップ4 ワーク 28	「作文」を読もう②	●報告文から「いつ」を読み取る。 ●書いてある情報をよく読んで，「座席表」に表すことができる。	（　） （　）

25

こくご7 ステップ1

「日記」を読もう

月《がつ》　日《にち》
名前《なまえ》

ゆうきくんの日記《にっき》をよんで もんだいに答《こた》えましょう。

7月5日　火よう日

ゆうがた、雨がふって、かみなりがなりました。おにが、空をビリビリ、バリバリとやぶいたような音がしました。でんきがきえて、テレビもきえてしまったので、ぼくはなきたくなりました。

雨がやんだら、空があかるくなりました。にわのかたつむりが、にこにこわらっているように見えました。

① いつの日記《にっき》ですか。

② かみなりは　どんな音がしましたか。

③ ぼくがなきたくなったのは　どうしてですか。

④ 雨がやんだらどうなりましたか。

26

こくご7 ステップ2

「しょうかい文」を読もう

月《がつ》　日《にち》

名前《なまえ》

りんたろうくんは、かっている犬のしょうかい文を書《か》きました。
下のしょうかいカードを作りましょう。

これはぼくの犬です。名前《なまえ》はサラといいます。まだ1さいになったばかりです。
サラはジャックラッセルテリアというしゅるいで、とても足がはやくて元気な犬です。
サラの好《す》きな食《た》べものはドッグフードとりんご、好《す》きなことはかたいものをかんであそぶことです。サラのきらいなものは、長《なが》い間《あいだ》るすばんをすることです。

ペットしょうかい

名前《なまえ》	
年れい	
犬のしゅるい	
好《す》きなたべもの	
好《す》きなこと	
きらいなこと	

27 こくご7 ステップ3
「作文」を読もう①

月《がつ》　日《にち》
名前《なまえ》

ゆりさんが書《か》いた作文をよんで　もんだいに答《こた》えましょう。

わたしは、おり紙《がみ》がすきです。とくにメダルをおることが好《す》きです。できあがったメダルは、一年生やお友だちにプレゼントしています。

一年生にはメダルのおり方《かた》を教《おし》えてあげることもあります。おたん生日にさゆちゃんに作ってあげたら、とてもよろこんでくれました。さゆちゃんがうれしそうだと、わたしもうれしくなります。

こんどは「こま」のおり方《かた》をおぼえたいと思《おも》っています。

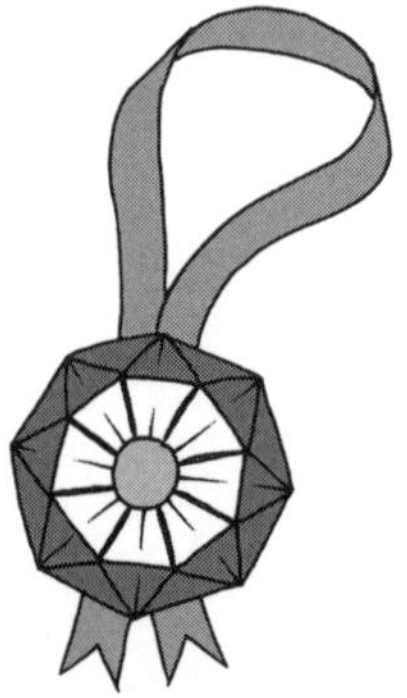

① ゆりさんが好《す》きなことはなんですか。

② ゆりさんは、できあがったメダルをどうしていますか。

③ おたん生日にメダルをもらったさゆちゃんは、どんなようすでしたか。

④ ゆりさんがこれからおぼえたいと思《おも》っていることを書《か》きましょう。

28 こくご7 ステップ4

「作文」を読《よ》もう②

月《がつ》　日《にち》　名前《なまえ》

「ぼく」が書《か》いた文しょうをよんで　もんだいに答《こた》えましょう。

先週《せんしゅう》の金曜日《きんようび》にぼくたちのクラスで席《せき》がえをした。ぼくは目《め》がわるいので、一番《いちばん》まどがわの、前《まえ》から二番目《にばんめ》の席《せき》になった。ぼくの前《まえ》の席《せき》はまきちゃんで、ぼくの後《うし》ろの席《せき》はこうたろうくん。ぼくの右《みぎ》どなりは、クラス委員《いいん》の田中《たなか》くんだ。田中《たなか》くんの後《うし》ろの席《せき》は、大阪《おおさか》から転校《てんこう》してきたばかりの青木《あおき》さん、青木《あおき》さんの右《みぎ》どなりがはるきくんで、その前《まえ》がもえちゃんだ。たのしい席《せき》になったので、学校へ行《い》くのが楽《たの》しみだ。

① 席《せき》がえがあったのは　いつですか。

② 「ぼく」の席《せき》に◎をつけて、座席表《ざせきひょう》に名前をかきましょう。

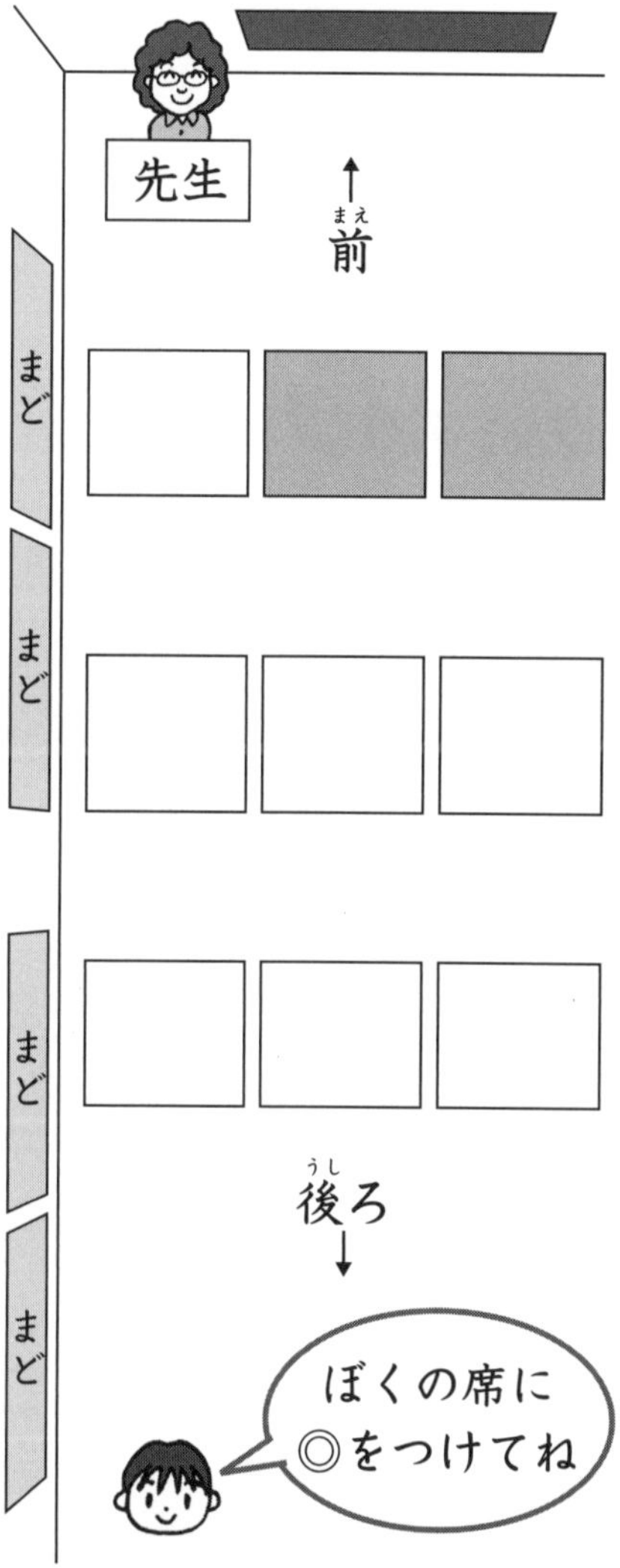

な？」

りか：「うーん，まどはここだね」

先生：「そう，まどがわっていうのは，まどに近いこの列だね（「まどがわ」を囲む）。まどがわには机が3つあるけれど（先生の席を除く），『ぼく』はまどがわの，どの席かな？」

りか：「……？」（わからない）

先生：「ここに書いてあるよ。『一番まどがわの，前から……』」

りか：「あ，前から二番目だ！」

先生：「そうね。『前から二番目』ってどこかな？　前はどっち？」

りか：「こっちが，前」

先生：「そう，先生がいる方が前だね。前から二番目だから，１……」

りか：「１，２！　わかったここだ！」

……と，くり返し確認していく。

見た目に長く複雑に見える文章も，段落，文，文節と区切っていくと負担は軽くなります。一つひとつの情報を正確に読み取ることができるよう，語句の意味を確認しながらすすめます。「座席表」のように，書いてあることを実際に図や絵に表すことでわかりやすくなりますね。

コラム②　正確に読み取る
～文章読解が苦手な，りかさん～（ワーク28）

文章が長いと一人で内容を追うことができず，文章を読みたがらないりかさん。文章を区切って先生と一緒に読み進めています。

先生：「席替えについての文章だね。りかさんの学校では，席替えをすることはある？」
りか：「先週の木曜日に席替えをしたよ。一番前になった！」
先生：「そうなのね。じゃあ席替えが何かはわかるよね。この文章はある男の子が席替えについて書いた文章です。まず，最初の1段落だけ読んでみてね」（最初の1段落をわかりやすいように囲む）
りか：「先週の金曜日に……」（「ワーク28」の最初の1段落を読む）
先生：「はい，とても上手に読めました。じゃあ①の問題を読んでね。」
りか：「（①を読んで）席替えがあったのはいつですか？」
先生：「いつあったのかな？」
りか：「先週の金曜日！」（と言って①に答えを書く）
先生：「そうね。では②の問題を読んでみよう」
りか：「（②を読んで）「ぼく」の席に◎をつけて，座席表に名前を書きましょう」
先生：「『ぼく』の席はどこになったのかな？」
りか：「えっと……（本文を見て）あった，『一番まどがわ』だ！」
先生：「そうね，一番まどがわって書いてあったね。（座席表を見て）一番まどがわって，どこのことか

*「気持ち」を読み取ろう／学びのステップ

文章読解が苦手な子の中には，「気持ちの読み取りが苦手」という子がいます。書いてある事実はわかるのに，その状況や様子から「気持ち」を想像することが苦手なのです。子どもたちの生活の中でよくある出来事を例に，「こんな時はどんな気持ち？」と考えながら学習します。

ステップ１ は「うれしい」「がっかり」などの言葉と表情をマッチングする課題。実際に「うれしい時はどんな顔になるかな？」と子どもたちに演じてもらうとよいでしょう。また「うれしい気持ちになるときはどんなとき？」と自分のことについても書かせると，より具体的なイメージにつながります。ステップ２ は，「とびはねるようにスキップして走ってきた」というような様子・仕草から気持ちを推察する問題です。言動と気持ちは連動していることに気付けるとよいでしょう。

ステップ３ はゲームをしているたかし君にイライラしているお母さんと，「今宿題をやろうと思ったところなのに……」とやや不満なたかし君の気持ちを読み取ります。それぞれの立場で考えることがポイントです。ステップ４ は，学校の授業場面。かなさんが「当てられたらどうしよう」と心配している気持ち→「指名された田中君が答えられるかどうか」とハラハラ見守る気持ち→先生が「みんなで考えてみようね」と言ったのでほっとした気持ち，それぞれの気持ちの変化を自分の実体験をもとに考えてみるとよいでしょう。また「小さな声で答えた」田中君の気持ちも推察させてみましょう。

ステップ１	ステップ２	ステップ３・４
気持ちと表情のマッチング	様子から気持ちを読み取る	気持ち，気持ちの変化の読み取り
どんな時の気持ちか想像して書く	どんな時の気持ちか想像して書く	登場人物の気持ちを想像する

国語 8 「気持ち」を読み取ろう

できているかな？

☑ 学びのチェックポイント

ステップ1 ワーク 29	**気持ちをあらわすことば**	●気持ちを表す言葉から，その表情を想像することができる。 ●「どんな時の気持ちか」想像できる。	(　　) (　　)
ステップ2 ワーク 30	**気持ちを想像する**	●気持ちを表している仕草や様子を読み取ることができる。 ●仕草や様子から，その気持ちを想像することができる。	(　　) (　　)
ステップ3 ワーク 31	**気持ちの読み取り①**	●お話を読んで，登場人物の気持ちを想像することができる。 ●登場人物へ自分からのメッセージを書くことができる。	(　　) (　　)
ステップ4 ワーク 32	**気持ちの読み取り②**	●お話を読んで，登場人物の気持ちの移り変わりがわかる。	(　　)

29 こくご8 ステップ1 気持《きも》ちをあらわすことば

月《がつ》　日《にち》
名前《なまえ》

気《き》持《も》ちをあらわす言葉《ことば》と表情《ひょうじょう》を結《むす》んで、「どんなとき？」を考《かんが》えて書《か》きましょう。

うれしい

がっかり

びっくり

いらいら

かなしい

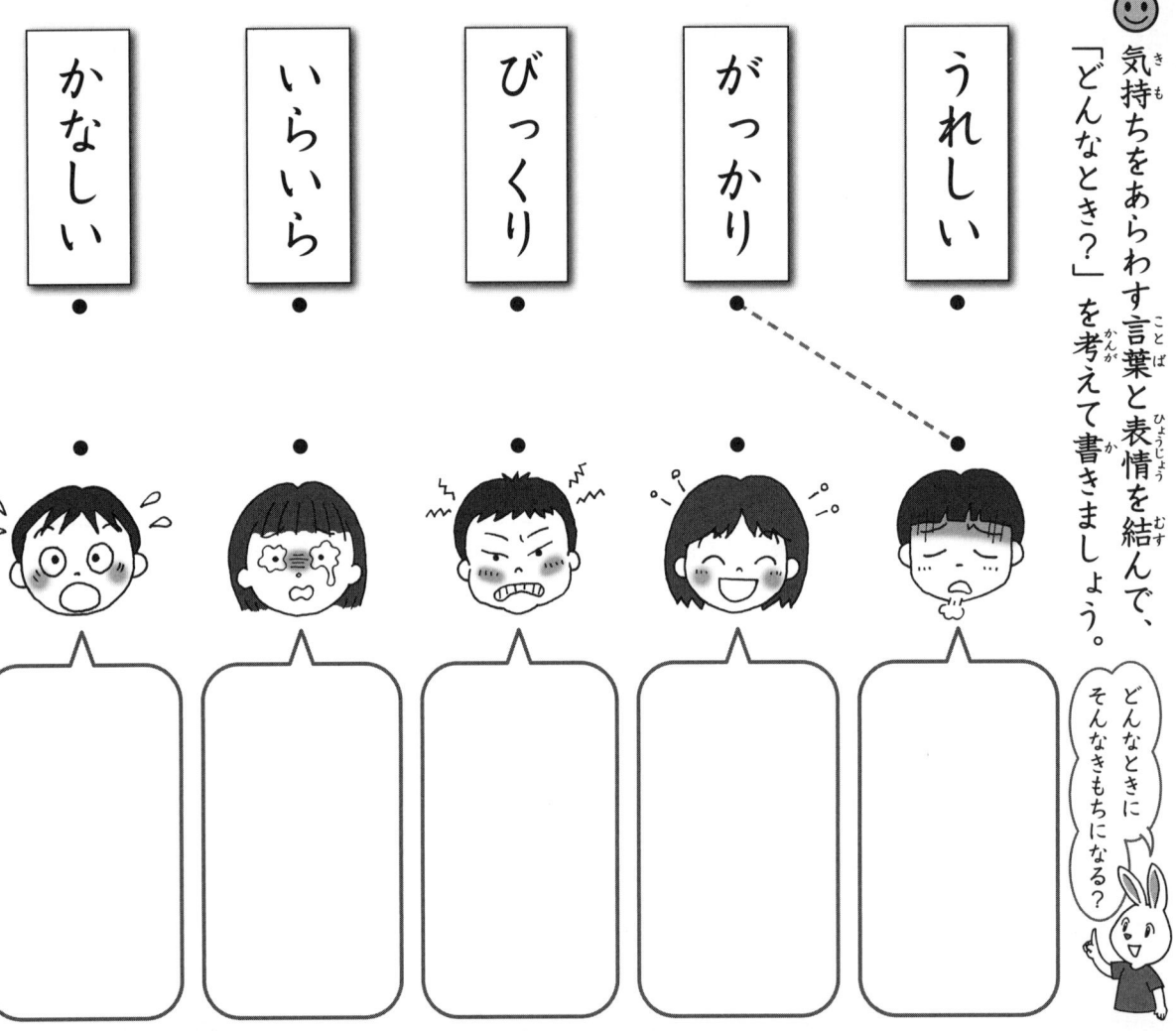

30 こくご8 ステップ2 気持ちを想像する

月《がつ》　日《にち》
名前《なまえ》

気《き》持《も》ちをあらわしている部《ぶ》分《ぶん》に線《せん》を引《ひ》いて、どんな気《き》持《もち》ちかを想《そう》像《ぞう》して書《か》きましょう。

こうたくんは　もどってきたテストを手に
とびはねるように　スキップして　走《はし》ってきた。

みかさんは　テストを手に
うつむいたまま　ゆっくりかえってきた。

先生は　いつまでもさわいでいる子どもたちを見て、
「コホン」とせきばらいをした。

先生は　しあいにまけた　ぼくのかたを
やさしく　ポンポンと　たたいた。

31 こくご8 ステップ3
気持ちの読み取り①

月《がつ》　日《にち》
名前《なまえ》

つぎのお話《はなし》を読《よ》んで、問題《もんだい》に答《こた》えましょう。


「いつまでゲームをしているの？宿題《しゅくだい》は終《お》わったの？」

一階《かい》からお母《かあ》さんの大きな声《こえ》が聞《き》こえてくる。

たかしは二階《かい》の自分《じぶん》のへやでゲームをしている。

「今、やろうと思《おも》っていたところなのに…」

たかしは、ゲームをベッドの上に投《な》げ出して、ランドセルからゆっくりと宿題《しゅくだい》を取《と》り出した。

「やれやれ…。」

★たかしの気持《きも》ちがわかるところに線《せん》を引《ひ》いてみましょう。

★お母《かあ》さんは今《いま》、どんな気持《きも》ちなのでしょうか。

★たかしは今《いま》、どんな気持《きも》ちなのでしょうか。

★あなたからたかし君《きみ》へメッセージを書《か》きましょう。

32 こくご8 ステップ4 気持ちの読み取り②

つぎのお話《はなし》を読《よ》んで、問題《もんだい》に答《こた》えましょう。

月《がつ》　日《にち》
名前《なまえ》

「この問題《もんだい》がわかった人は手をあげて。」

先生は黒板《こくばん》に分数《ぶんすう》の問題《もんだい》を書《か》いた。①かなは心《しん》ぞうがドキドキして、じっと下をむいていた。

「じゃあ、田中君《たなかくん》、答《こた》えてみて。」

と先生が言ったので、②かなはそっと田中君《くん》の方《ほう》を見た。

田中君《くん》はしばらくだまっていたけれど、小さな声で
「わかりません。」

と答《こた》えた。先生は
「じゃあ、これからみんなで考《かんが》えてみようね。」

とわらって言《い》った。
③かなはほっとして、いきをはいた。

★①〜③のかなの気持《きも》ちを考《かんが》えてみましょう。

①

②

③

★田中君《くん》の気持《きも》ちも考《かんが》えてみましょう。

＊「生活の中の漢字」（小１）を読もう／学びのステップ

１生の漢字は，生活の中でよく目にする漢字です。「書く」ことが苦手な子も，「読む」ことから先に進めましょう。最初から覚えるのではなく，まず漢字を見て，①「読み」と「漢字」を線で結ぶ　②該当する漢字を選んで貼る，という方法で楽しく覚えていきましょう。

ステップ１ は，漢数字です。数字を読んでから「イチはどれかな？」のように選んで線で結びましょう。マルの数を数えて確認してもよいでしょう。ステップ２ は「体の部分をあらわす漢字」です。絵を見て「これは何かな？（→「目」）」→「目という漢字はどれかな？」のように選んで貼ります。ステップ３ は，「曜日」。時間割やカレンダーでもよく目にしている漢字です。「月曜日の月は『つき』とも読むね」のように，何がもとになっているかを考え，「つき」「ひ」のように訓読みもできるように練習します。ステップ２～３は，切って貼ったあとも，漢字だけで一人で読めるように練習しましょう。

ステップ４ は，基礎的かつ生活に身近な小１相当の漢字です。絵を手がかりにして読んでから，一人で読めるかどうかをチェック表でチェックしながら繰り返し練習します。

◎小１相当の漢字

ステップ1	ステップ2	ステップ3	ステップ4
漢数字	からだの部分	曜日	身近な漢字
一・二・三・四・五・六・七・八・九・十	目・耳・口・手・足	月・火・水・木・金・土・日	学校，先生，一年生，男，女，草，花，犬，木，本，空，雨，町，竹，川，森，林，村，田，石，車

国語 9 「生活の中の漢字」（小１）を読もう

☑ 学びのチェックポイント

			できて いるかな？
ステップ１ ワーク 33	**かんすうじ**	●数字と漢数字を対応させて結ぶことができる。 ●漢数字一～十が読める。 ●「一つ」「二つ」などの読み方ができる。	（　　） （　　） （　　）
ステップ２ ワーク 34	**体をあらわす漢字**	●絵を見て，体の部分の漢字を選ぶことができる。 ●体の部分の漢字を読むことができる。	（　　） （　　）
ステップ３ ワーク 35	**曜日の漢字**	●月～日の順に漢字を選ぶことができる。 ●曜日の漢字を読むことができる。 ●曜日の漢字の成り立ちを考えて，訓読みで読むことができる。	（　　） （　　）
ステップ４ ワーク 36	**身近な漢字**	●絵を手がかりに，１年生で習う漢字の中から生活に身近な漢字・熟語を読むことができる。	（　　） （　　）

33 かんすうじ

こくご9 ステップ1

数字《すうじ》の1～10は、どんな漢字《かんじ》になりますか？
正《ただ》しいものを選《えら》んで、読《よ》みながら線《せん》で結《むす》びましょう。

月《がつ》　日《にち》

名前《なまえ》

6	九
7	六
8	十
9	七
10	八

1	四
2	三
3	一
4	五
5	二

読み方チェック

□ 一《ひと》つ　□ 二《ふた》つ　□ 三《みっ》つ　□ 四《よっ》つ　□ 五《いつ》つ

□ 六《むっ》つ　□ 七《なな》つ　□ 八《やっ》つ　□ 九《ここの》つ　□ 十《とお》

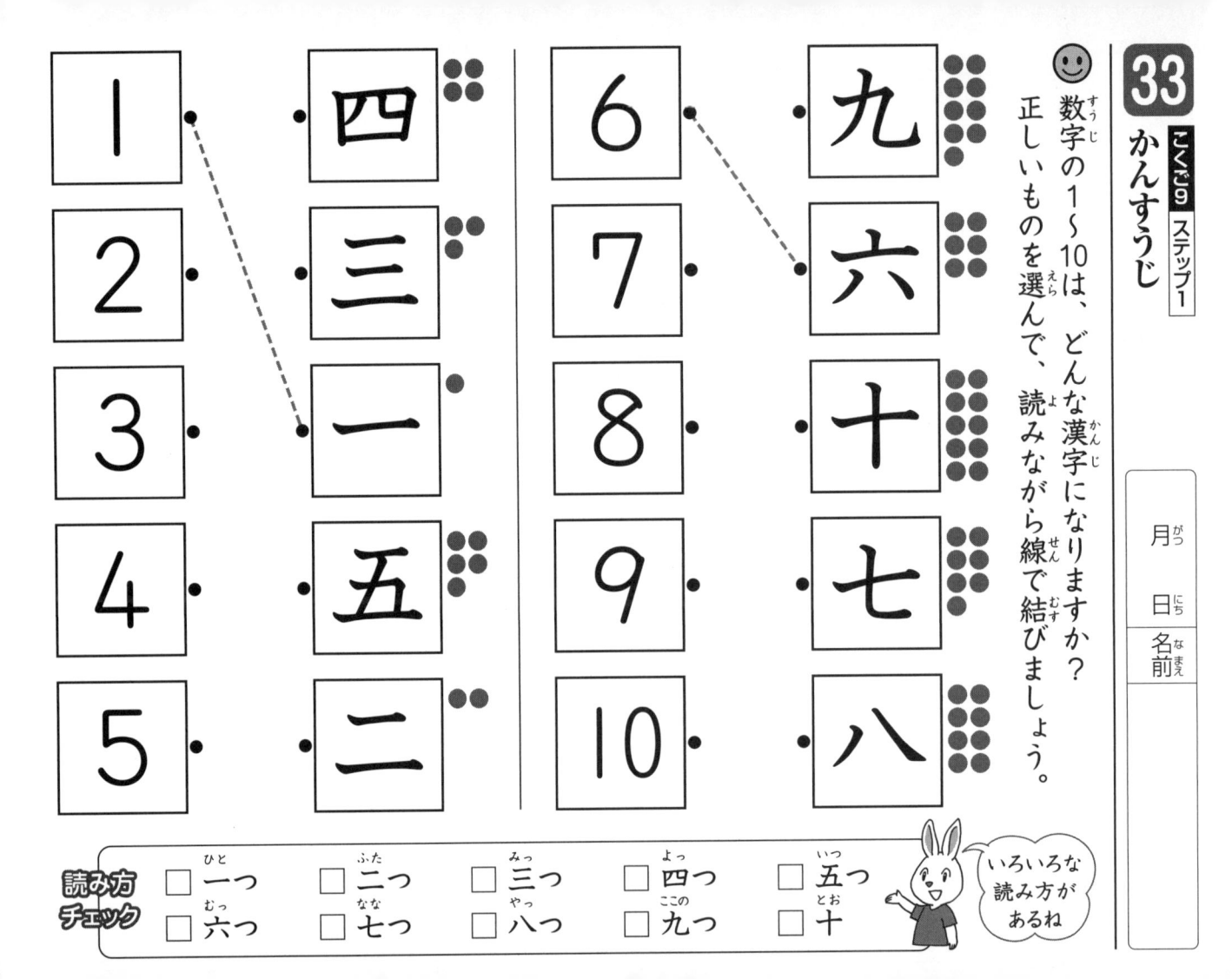

34

こくご9 ステップ2

体をあらわす漢字

月《がつ》　日《にち》

名前《なまえ》

からだの部分《ぶぶん》をあらわす漢字《かんじ》を見《み》つけて切《き》ってはりましょう。

はなまる小学校《しょうがっこう》　三年《ねん》二組《くみ》です。
田中《たなか》げんき
め
みみ
くち
て
あし

手

足

口

目

耳

一週間《いっしゅうかん》の漢字《かんじ》をさがして、
その意味《いみ》も考《かんが》えながら、切《き》ってはりましょう。

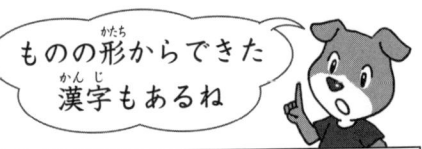

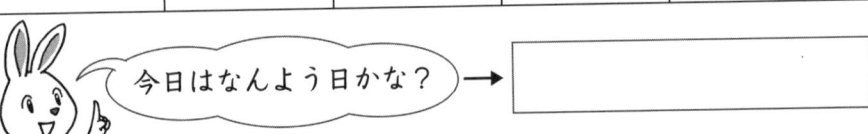

ものの形《かたち》からできた
漢字《かんじ》もあるね

げつ	か	すい	もく	きん	ど	にち
つき 	ひ 	みず 	き 	かね 	つち 	ひ 

今日はなんよう日かな？ →

金	月	火	日	土	水	木

月《がつ》 日《にち》
名前《なまえ》

36 身近な漢字

こくご9 ステップ4

月《がつ》　日《にち》

名前《なまえ》

絵《え》の中《なか》の漢字《かんじ》を読《よ》んでみましょう。

読み方チェック

☐学校　☐先生　☐一年生　☐男　☐女　☐草　☐花　☐犬　☐木　☐本

☐空　☐雨　☐町　☐竹　☐川　☐森　☐林　☐村　☐田　☐石　☐車

＊「生活の中漢字」（小２）を読もう／学びのステップ

２年生の漢字の中から生活の中で使用頻度の高いものを選びました。「見て選ぶ」→「ルビ（読みがな）やイラストを手がかりに読む」→「一人で読む」ステップでくり返し練習します。

ステップ１ は「教科」や「家族」に関する漢字，ステップ２ は「季節」「時間」「方角」をあらわす漢字です。「見たことはあるけれど，正確に読めていない」という子も，切ったり貼ったりの作業を楽しみながら，繰り返して覚えるようにしましょう。慣れてきたら切り取った漢字を一字ずつ，一人で読めるように練習します。ステップ３ は，「組みになる漢字」「反対の意味の漢字」です。「上（うえ）」と「下（した）」で「上下（じょうげ）」となるように読み方が変わりますので，セットにして覚えていきましょう。プリントを見ないでも「前と後ろで何？」のように口頭で復習するとよいでしょう。ステップ４ は，オリジナルの「読み方じてん」を作ります。覚える漢字を一～二字ずつ「じてん」にして覚えます。好きな漢字を選んで少しずつ確実に覚えていきましょう。「じてん」づくりを通して漢字に「音読み」「訓読み」があることなどを理解し，「使い方の例」も（最初は先生と一緒に考え），少しずつ一人で考えられるようにしていきます。

◎小２までの漢字

ステップ１	ステップ２	ステップ３	ステップ４
教科／家族	季節／時間／方角	組みになる言葉・反対言葉	じてん
国語・算数・理科・社会・音楽・図工・父・母・兄・弟・姉・妹	春・夏・秋・冬・朝・昼・夕・夜・東・西・南・北	上下・左右・前後・強弱・遠近・売買・多少・内外	□音読み・訓読みの理解 □使い方の例をあげる

国語 10 「生活の中の漢字」（小2）を読もう

☑ 学びのチェックポイント

できているかな？

ステップ1 ワーク 37	教科や家族の漢字	●教科に関する漢字を選ぶことができる。 ●家族に関する漢字を選ぶことができる。 ●「父母」「兄弟」「姉妹」などが読める。	(　　) (　　) (　　)
ステップ2 ワーク 38	季節・時間・方角の漢字	●季節を表す漢字を選ぶことができる。 ●時間を表す漢字を選ぶことができる。 ●方角を表す漢字を選ぶことができる。	(　　) (　　) (　　)
ステップ3 ワーク 39	反対の意味の漢字	●ひらがな「うえとした」→漢字「上下（じょうげ)」のように選ぶことができる。 ●ルビ（読みがな）を手がかりに「上下」「左右」「前後」などを読むことができる。 ●組になる言葉，反対の意味の言葉を理解する。	(　　) (　　)
ステップ4 ワーク 40	音読みとくん読み	●一つの漢字の「音読み」「訓読み」を書く。 ●「音読み」「訓読み」の使い方の例を書く。 ●「じてん」にした漢字の読み方を覚える。	(　　) (　　) (　　)

37

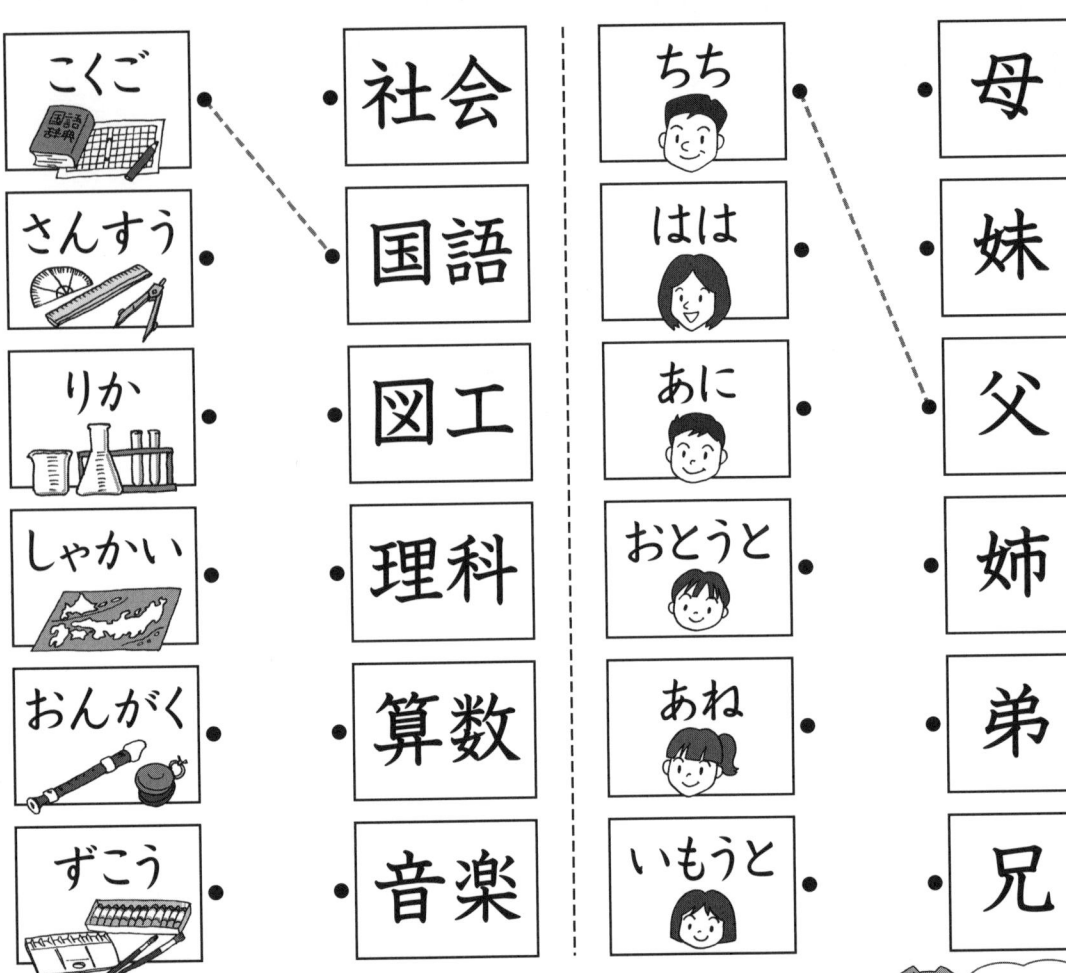

こくご10　ステップ1

教科や家族の漢字

教科《きょうか》や家族《かぞく》は、どんな漢字《かんじ》になりますか？
正しいものを選《えら》んで、線《せん》で結《むす》びましょう。

月《がつ》　日《にち》
名前《なまえ》

ちち 
はは 
あに 
おとうと 
あね 
いもうと 

母
妹
父
姉
弟
兄

こくご 
さんすう 
りか 
しゃかい 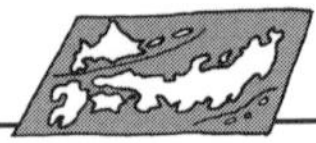
おんがく 
ずこう 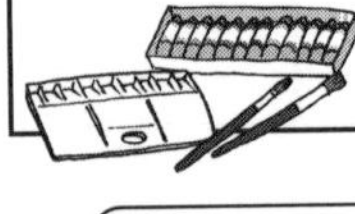

社会
国語
図工
理科
算数
音楽

読み方チェック　□ 父母《ふぼ》　□ 兄弟《きょうだい》　□ 姉妹《しまい》　□ 長男《ちょうなん》　□ 長女《ちょうじょ》

長男は　いちばん上の男の子
長女は　いちばん上の女の子
のことだよ

38 こくご10 ステップ2

季節・時間・方角の漢字

月《がつ》　日《にち》

名前《なまえ》

季節《きせつ》や時間《じかん》、方角《ほうがく》をあらわす漢字《かんじ》を切《き》ってはりましょう。

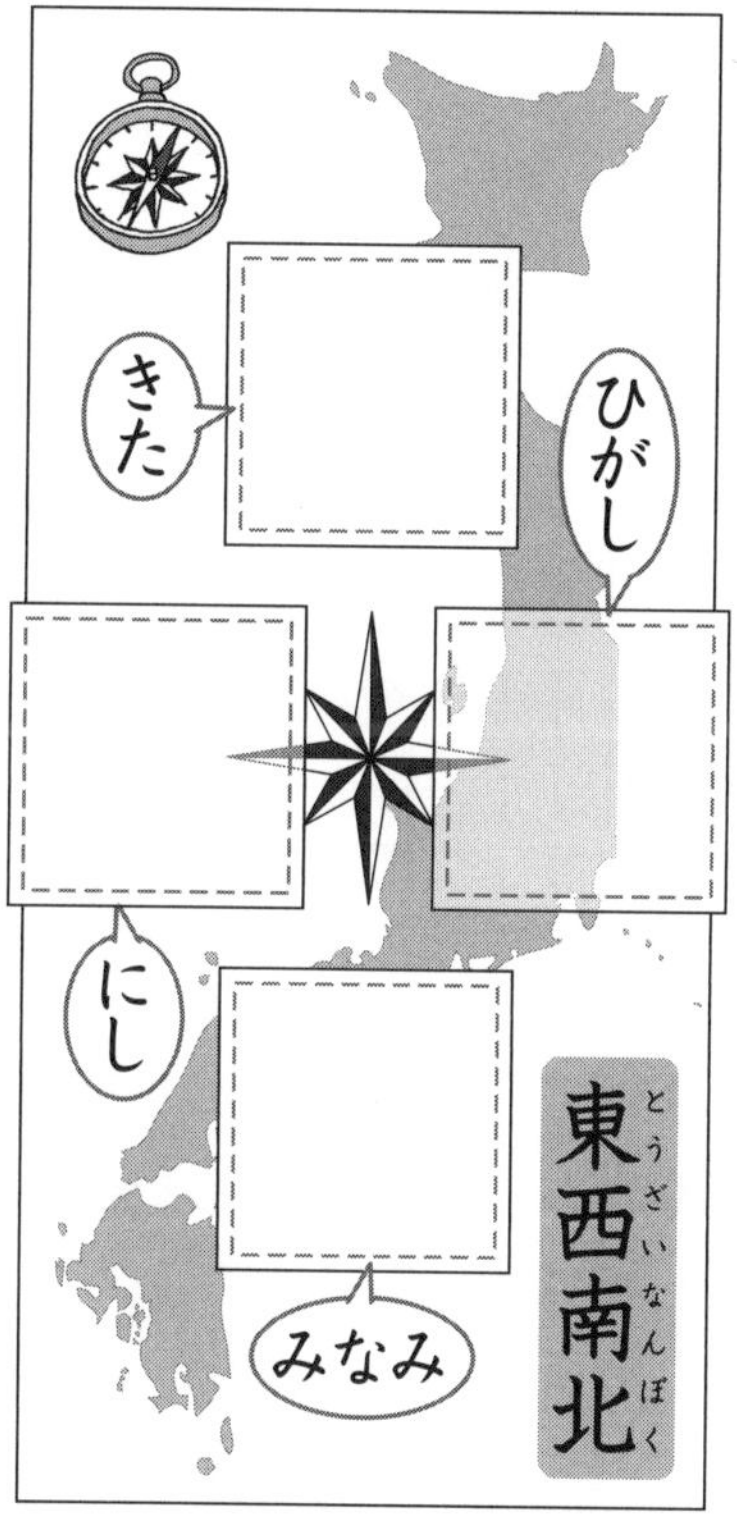

きた
ひがし
にし
みなみ
東《とう》西《ざい》南《なん》北《ぼく》

南	西
東	北

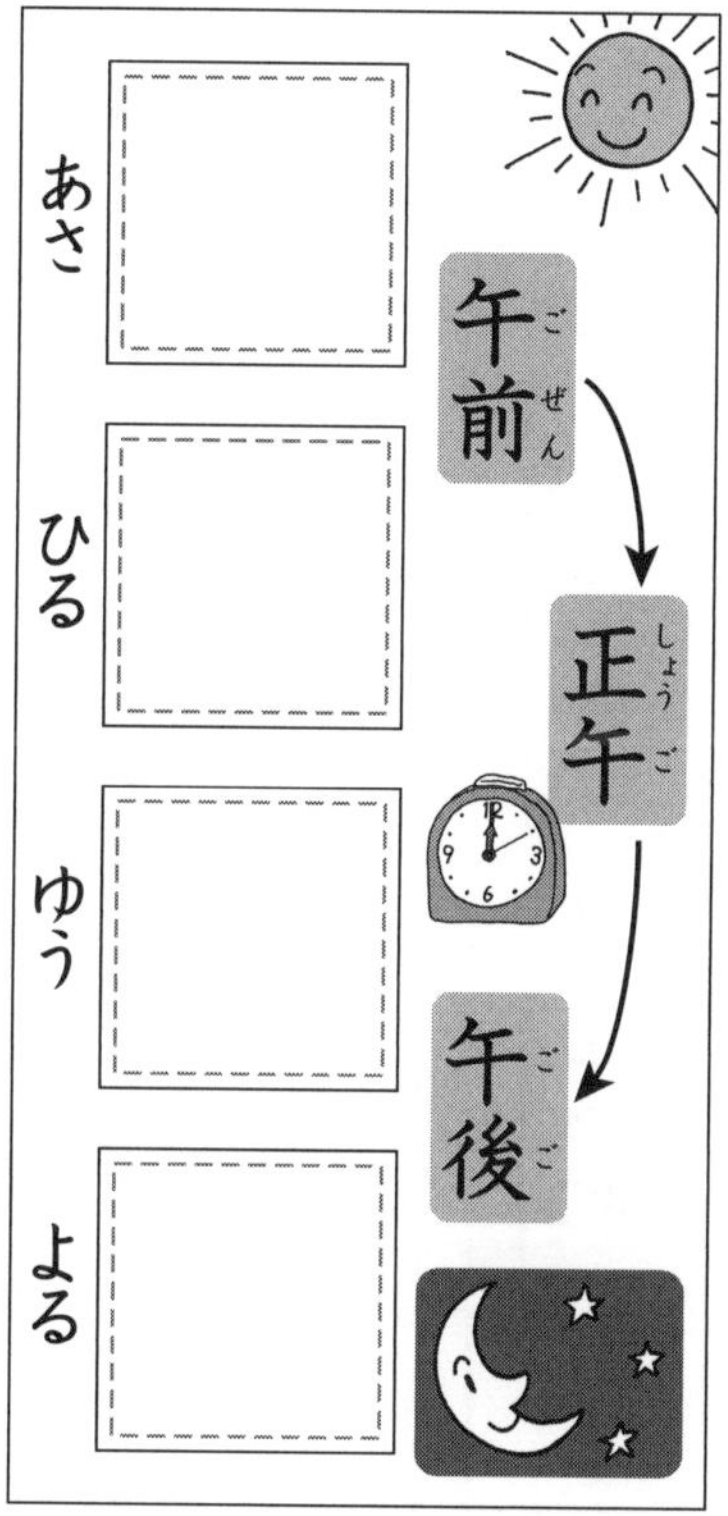

午前《ごぜん》
正午《しょうご》
午後《ごご》
あさ
ひる
ゆう
よる

昼	朝
夕	夜

はる
シュン
なつ
カ
あき
シュウ
ふゆ
トウ

冬	春
夏	秋

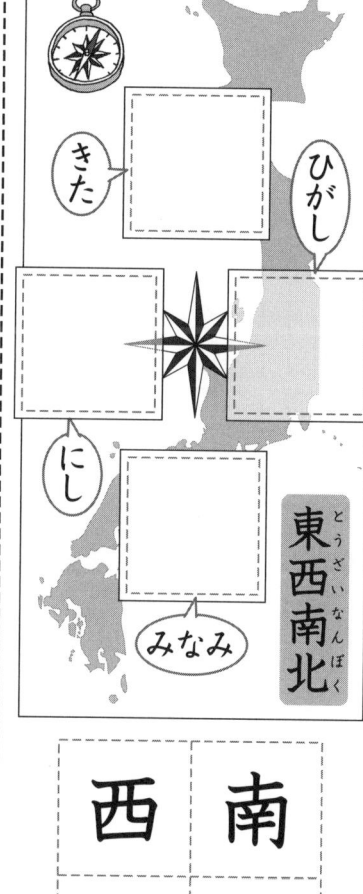

39 反対の意味の漢字

こくご10 ステップ3

月《がつ》　日《にち》
名前《なまえ》

意味《いみ》を考《かんが》えて、合《あ》う言葉《ことば》を見つけて読《よ》みましょう。

はんたいの意味《いみ》の漢字《かんじ》を組《く》み合《あ》わせているね

売買《ばいばい》は売《う》ったり買《か》ったりすること

うえ　と　した

ひだり　と　みぎ

まえ　と　うしろ

つよい　と　よわい

とおい　と　ちかい

うる　と　かう

おおい　と　すくない

うち　と　そと

売《ばい》買《ばい》

内《ない》外《がい》

上《じょう》下《げ》

多《た》少《しょう》

左《さ》右《ゆう》

遠《えん》近《きん》

前《ぜん》後《ご》

強《きょう》弱《じゃく》

40 こくご10 ステップ4 音読みとくん読み

月《がつ》　日《にち》

名前《なまえ》

漢字《かんじ》の読《よ》み方《かた》じてんをつくって、「音読《おんよ》み」「くん読《よ》み」をおぼえましょう。

犬

音読《おんよ》み：ケン

●つかい方：けいさつ犬

●つかい方：犬のさんぽ

くん読《よ》み：いぬ

音読《おんよ》み：

●つかい方：

●つかい方：

くん読《よ》み：

音読《おんよ》み：

●つかい方：

●つかい方：

くん読《よ》み：

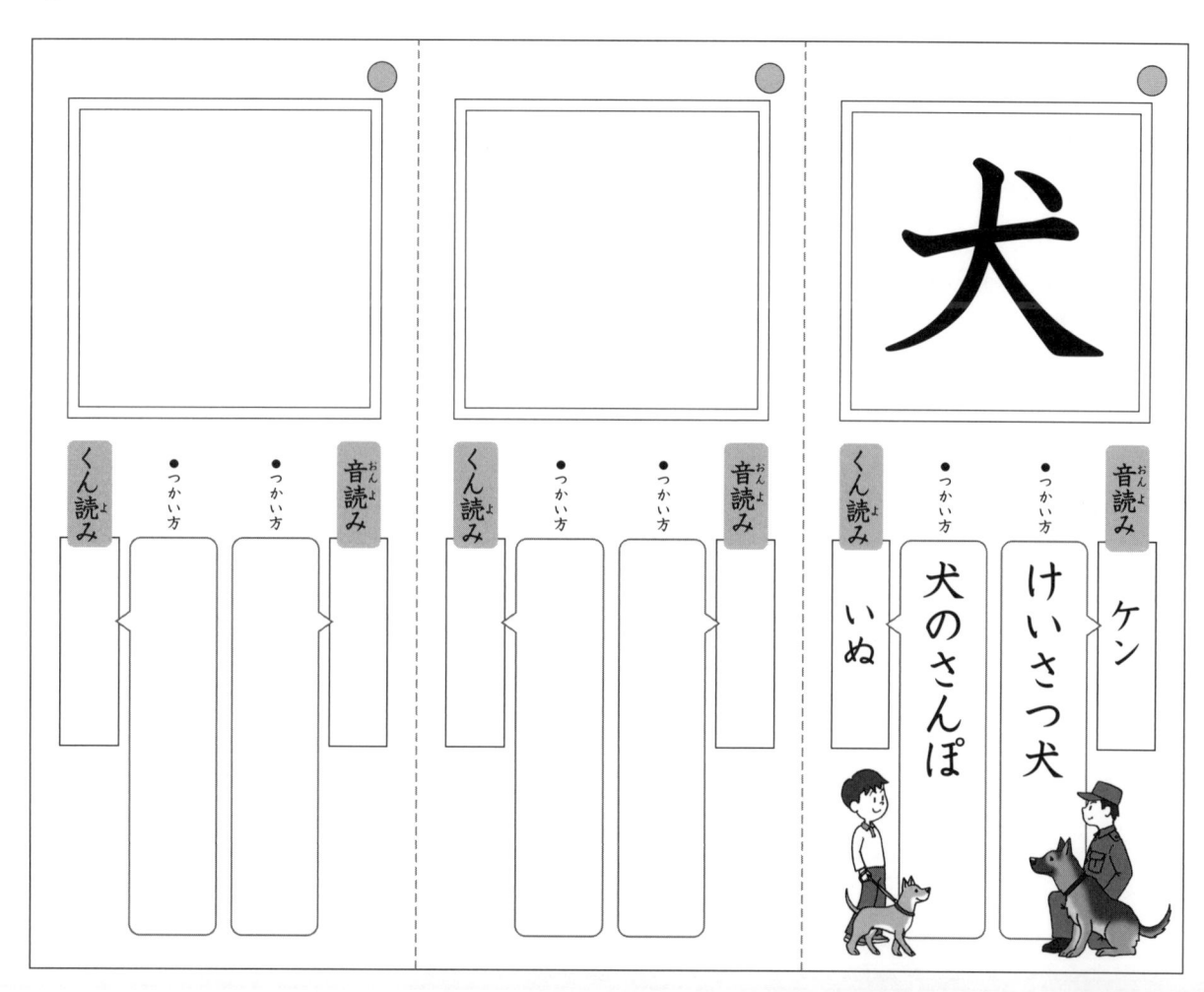

＊書けるかな？／学びのステップ

まず正しい姿勢で座っているかどうか，鉛筆の長さ，硬さ（２Ｂなど運筆に適切なもので），持ち方，筆圧，筆運びの特徴をチェックします。鉛筆の持ち方が自己流の場合は無理に直さず，手を添えたり補助具を活用したりして，その子にとって書きやすい工夫をします。

ステップ１ は，いろいろな線の練習です。「文字を書くことが苦手」という子も負担なく取り組むことができます。線に沿って書けるよう，書く前に線を指先でなぞって，動きを確認してもよいでしょう。「なぞり書き」⇒「視写」⇒「一人で書く」の順でたくさん練習し，筆圧の弱い子の場合はひらがなの練習と併せて続けるとよいでしょう。ステップ２ は，迷路です。「道からはみださないように」注意して書きます。上手に書けたら，もう少し長い迷路を作って練習しましょう。ステップ３ は，ひらがなの視写。「く」「つ」や「こ」「い」など１～２画のひらがなから手本を見て書けるようにします。ステップ４ は，自分の名前を書く練習。「なぞり書き」⇒「視写」⇒「一人で書く」の順に練習します。

◎運筆チェック

ステップ１	ステップ２	ステップ３	ステップ４
いろいろな線や図形のなぞり書き	迷路	平仮名の視写（１～２画）	自分の名前を書く
□いろいろな線 □○×△□	□直線　□曲線 □回転	□し　□つ　□く　□へ □て　□の　□こ　□い	□なぞり書き □視写　□一人で

国語 11 書けるかな？

☑ 学びのチェックポイント

			できて いるかな？
ステップ1 ワーク 41	いろいろな線・形	●鉛筆を正しく持つことができる。 ●曲線や波線，回転のある線をなぞって書くことができる。 ●○×△をなぞって書くことができる。 ●○×△の視写ができる。 ●手元を見て書くことができる。	(　) (　) (　) (　) (　)
ステップ2 ワーク 42	めいろ	●始点と終点を結んでたて線・よこ線を書くことができる。 ●カーブや回転のある迷路を通って書くことができる。 ●迷路からはみ出さずに書ける。	(　) (　) (　)
ステップ3 ワーク 43	ひらがなを書こう	●「く」「つ」「し」など１画のひらがなを，手本を見て書くことができる。 ●「こ」「い」など２画のひらがなを，手本を見て書くことができる。	(　) (　)
ステップ4 ワーク 44	名前を書く	●自分の名前を書くことができる（□なぞり書き　□視写　□一人で書く）。	(　)

41 こくご11 ステップ1
いろいろな線・形

月《がつ》　日《にち》

名《な》前《まえ》

正《ただ》しくすわっていますか？

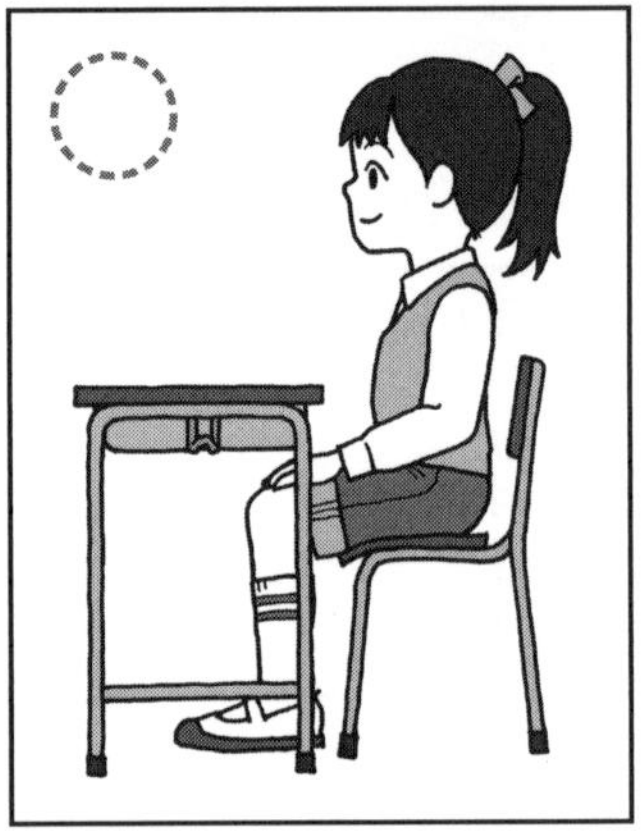

正《ただ》しくもっていますか？

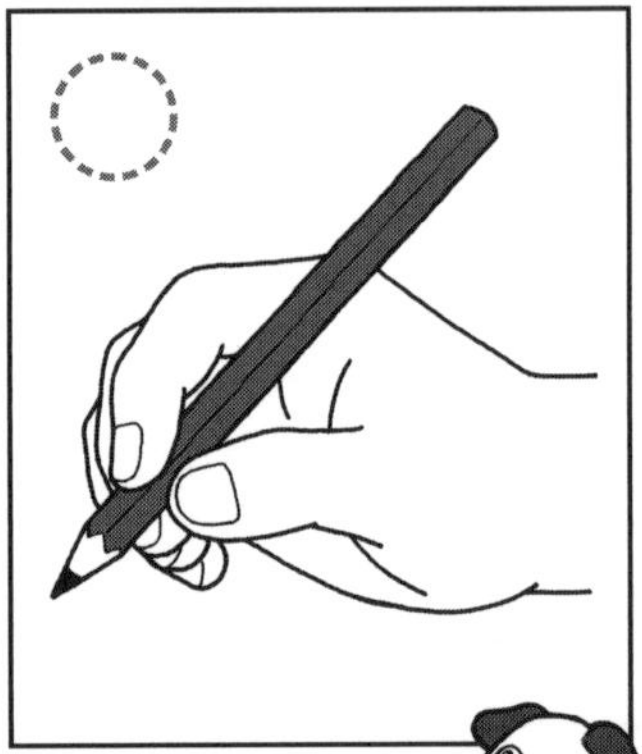

せんを　なぞって　かきましょう。

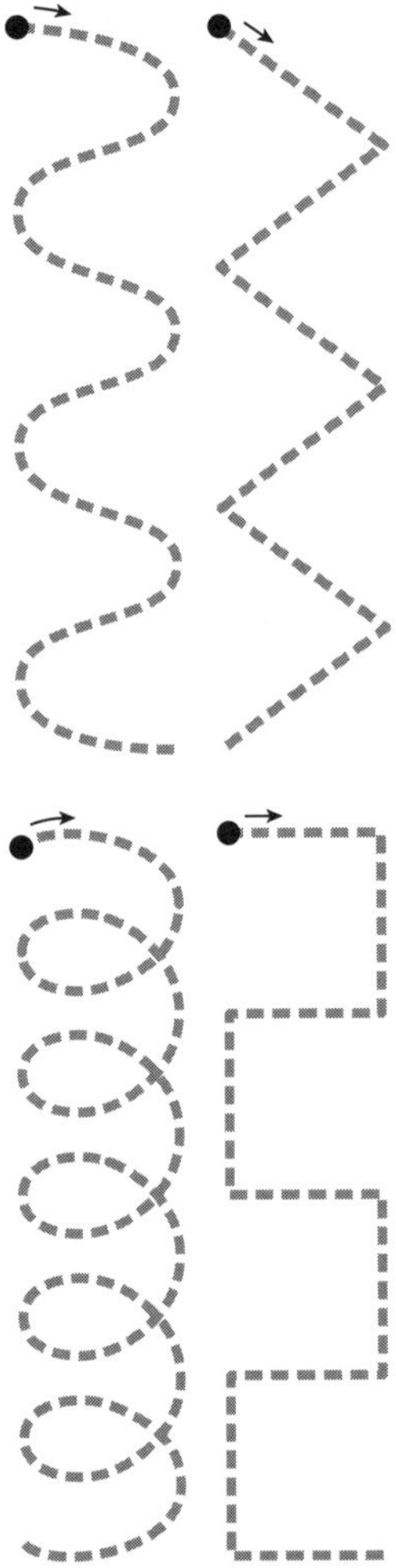

○×△□を　なぞって　かきましょう。

42

こくご11　ステップ2

めいろ

●から　★まで　せんをひきましょう。

月《がつ》　日《にち》

名前《なまえ》

43

こくご11 ステップ3

ひらがなを書こう

手本《てほん》をよく見《み》て　ひらがなを　かきましょう。

月《がつ》　日《にち》

名前《なまえ》

し　つ　く　へ

い　こ　の　て

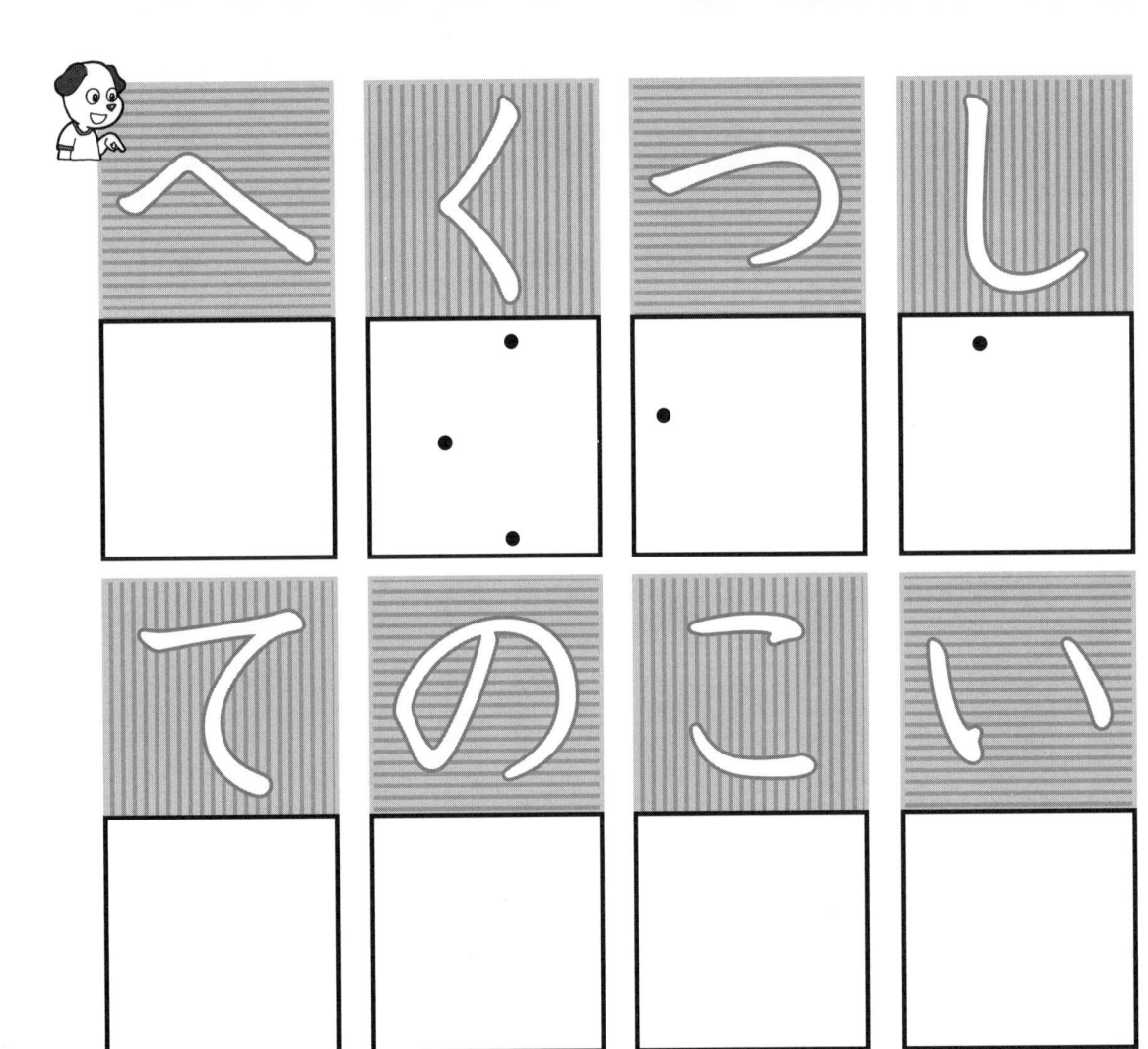

44

こくご11 ステップ4

名前を書く

月《がつ》 日《にち》

名前《なまえ》

ひらがなで　なまえを　かいてみましょう。

さいしょは なぞり書《が》きでも いいよ

大《おお》きく！

なまえ

小《ちい》さく！

なまえ

むずかしい ひらがなを れんしゅう しよう

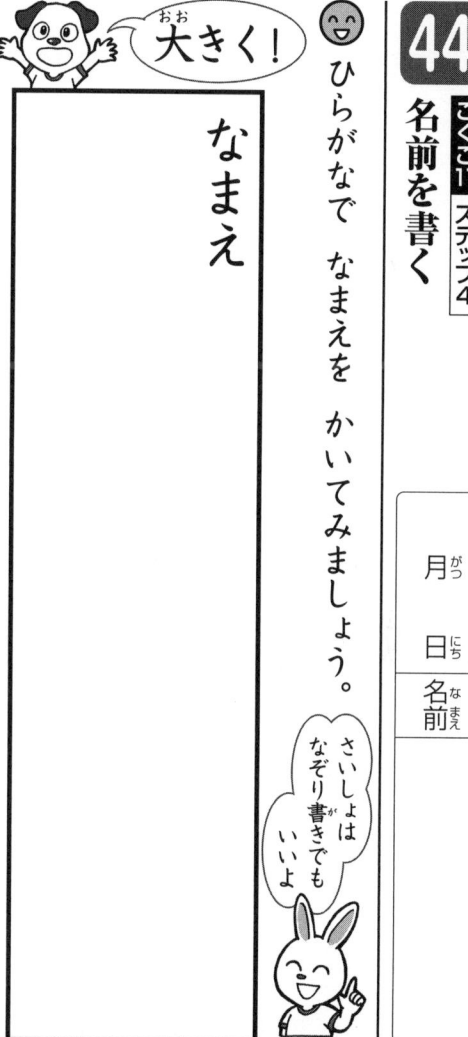

＊ひらがなを書こう（50音）／学びのステップ

ひらがな（50音）を書く力を，□なぞり書き（なぞって書く）⇒□視写（手本を見て書く）⇒□一人で書く（手本を見ずに文字を書く）の順にチェックし，練習します。交差や回転の部分が難しい，全体的なバランスが整わない，鏡文字になる，似た文字と間違える，筆順が自己流，など一人ひとりのつまずきポイントを見つけ，苦手な文字は手を添えたり，なぞり書きの色を変えたり，手本の位置やマスの大きさを変えたりしながら練習し，「こうしたら上手に書ける」方法を見つけてあげましょう。

ステップ１ ステップ２ は，50音表の順に，なぞり ⇒ 視写 ⇒ 一人で書くというステップで練習します。「視写ができる文字」「手本を見ないで書ける文字」に印をつけて把握しましょう。ステップ３ は，形が似ている文字の視写。「どの部分が似ていて，どの部分が違うのか」を意識して練習します。ステップ４ は 二字，三字の単語を書きます。

◎ひらがな（書く）チェック

ステップ1	ステップ2	ステップ3	ステップ4
50音を書く① あ～な行	50音を書く② は～わ行	似ているひらがな	単語を書く
□なぞり　□視写 □一人で	□なぞり　□視写 □一人で	□くへ　□うつ　□るろ □たな　□あお　□はほ □ねわ	□視写　□一人で

国語 12 ひらがなを書こう（50音）

☑ **学びのチェックポイント**

			できているかな？
ステップ1 ワーク 45	**50音を書こう①** （あ～な行）	●50音（あ～な行）を順になぞって書ける。 ●50音（あ～な行）を一字ずつ見て書くことができる（視写）。 ●50音（あ～な行）を一字ずつ聞いて書くことができる。	（　） （　） （　）
ステップ2 ワーク 46	**50音を書こう②** （は～わ行）	●50音（は～わ行）を順になぞって書ける。 ●50音（は～わ行）を一字ずつ見て書くことができる（視写）。 ●50音（は～わ行）を一字ずつ聞いて書くことができる。	（　） （　） （　）
ステップ3 ワーク 47	**にている字を書く**	●「く」「へ」，「あ」「お」など，形が似ている文字の違いに注意して書ける。 ●形が似ている文字をさがして，違いに注意して書ける。	（　） （　）
ステップ4 ワーク 48	**もののなまえを書こう**	●手本を見て，単語が書ける。 ●文字を適切に選んで，単語が書ける。 ●一人で単語が書ける。	（　）

45

こくご12　ステップ1

50音を書こう①（あ～な行）

月《がつ》　日《にち》

名前《なまえ》

なぞって　かきましょう。

あいうえお
かきくけこ
さしすせそ
たちつてと
なにぬねの

ひとりでかける字《じ》があるかな？　れんしゅうしてみよう。

46

こくご12　ステップ2

50音を書こう②（は〜わ行）

月《がつ》　日《にち》

名前《なまえ》

なぞって　かきましょう。

わ	ら	や	ま	は
	り		み	ひ
を	る	ゆ	む	ふ
	れ		め	へ
ん	ろ	よ	も	ほ

ひとりでかける字《じ》があるかな？　れんしゅうしてみよう。

47 にている字を書く

こくご12 ステップ3

月《がつ》　日《にち》

名前《なまえ》

かたちがにている　ひらがなを　かいてみましょう。

く　へ

う　つ

る　ろ

た　な

かたちがにている　ひらがなを　みつけて　かいてみましょう。

ほ　ね　わ　あ　お　は

あ

は

ね

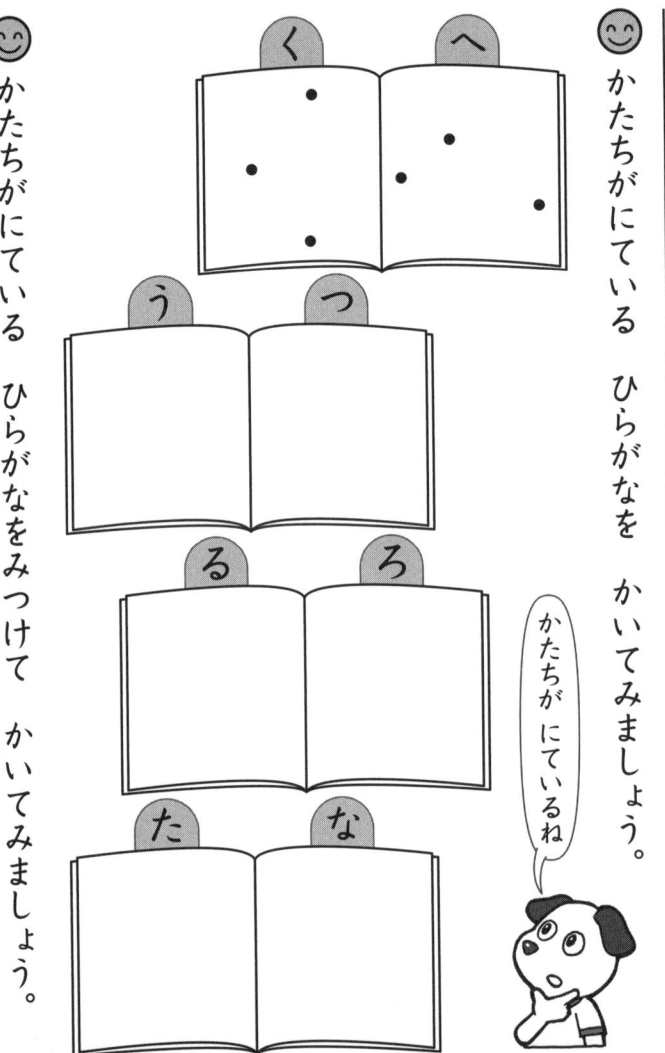

48

こくご12　ステップ4

もののなまえを書こう

月《がつ》　日《にち》

名前《なまえ》

つぎのことばを　かいてみましょう。

くま

うし

ねこ

いぬ

これはなにかな？　絵《え》をみて　ことばを　かきましょう。

ヒント

い　く　え

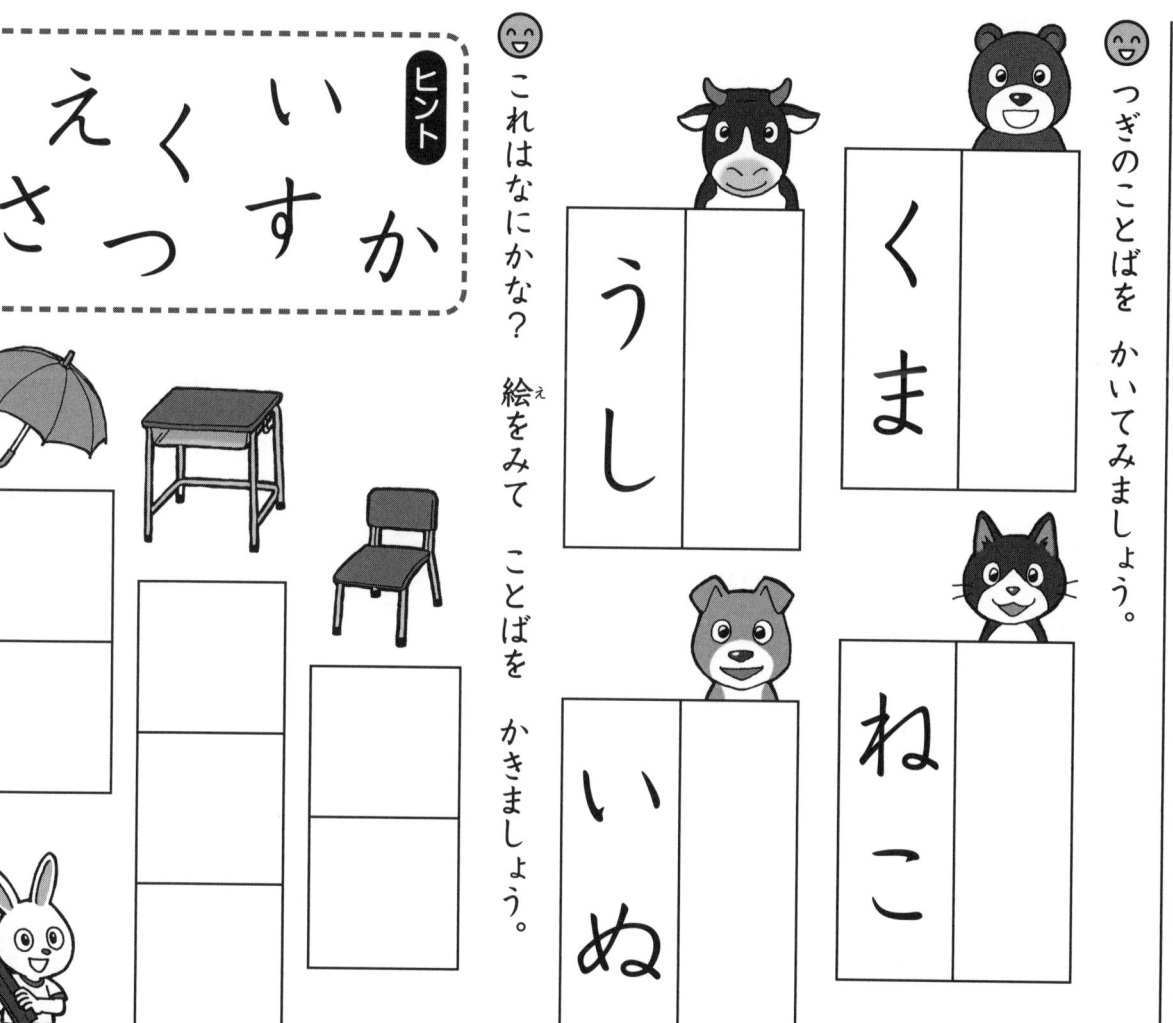

か　す　つ　さ

＊ひらがなを書こう（特殊音）／学びのステップ

「濁点を忘れがち」「拗音を含む単語が正しく書けない」という子がいます。ひらがな50音を頑張って覚えた子どもにとって，特殊音は「新しいルール」であり，それらを使い分けたり応用したりすることは難しいことです。「また忘れた」「また間違えた」とならないよう，「゛」「゜」「っ」「「ゃ」などをどこに書けばよいのかを意識できるように練習します。□清音に「゛」や「゜」を書き加えて読んでみる⇒□適切な箇所に「゛」「゜」を書き入れる，のような順で練習します。特殊音が苦手な子は，何となく読んだり書いたりしていることが多いようです。「かき」を「かぎ」にするには，「か，き，の『き』の方に゛を打てばよい」のように意識しながら練習できるよう，声かけをしてあげましょう。

ステップ１ ステップ２ は，濁音と半濁音を含む単語を練習します。書いたあとで必ず読んで確認しましょう。ステップ３ は「しっぽ」など促音（つまる音），ステップ４ は「じゅうえん」などの拗音を含む単語。「『ゅ』をどこに入れたらいいかな？」など，子どもが意識できるよう声かけして学習します。

◎ひらがな（書く）チェック

ステップ１	ステップ２	ステップ３	ステップ４
濁音を含む単語	半濁音を含む単語	促音を含む単語	拗音を含む単語
□「゛」を書き入れる □適切な箇所に書き入れる □一人で書く	□「゜」を書き入れる □適切な箇所に書き入れる □一人で書く	□枠に書き入れる □文に書き入れる □一人で書く	□枠に書き入れる □文に書き入れる □一人で書く

国語 13 ひらがなを書こう（特殊音）

できているかな？

☑ 学びのチェックポイント

ステップ1 ワーク 49	**「゛」をつけて書こう**	●ひらがなに「゛」をつけて書ける。 ●適切な文字に「゛」をつけて書ける。 ●「゛」を含む単語が一人で書ける。	（　　） （　　） （　　）
ステップ2 ワーク 50	**「゜」をつけて書こう**	●ひらがなに「゜」をつけて書ける。 ●適切な文字・文に「゜」をつけて書ける。 ●「゜」を含む単語が一人で書ける。	（　　） （　　） （　　）
ステップ3 ワーク 51	**小さく書く字①**	●つまる音「っ」を書き入れることができる。 ●適切な箇所に「っ」を入れて文が書ける。 ●促音を含む単語・文が一人で書ける。	（　　） （　　） （　　）
ステップ4 ワーク 52	**小さく書く字②**	●「拗音」を書いて言うことができる。 ●適切な箇所に拗音を入れて文が書ける。 ●拗音を含む単語が一人で書ける。	（　　） （　　） （　　）

49

こくご13 ステップ1

「゛」をつけて書こう

月《がつ》　日《にち》

名前《なまえ》

「゛」をつけて　かいてから、よみましょう。

がぎぐげご

ざじずぜぞ

「゛」をつけて、正《ただ》しいことばに　しましょう。

ざる

てんわ

かき

まと

これはなにかな？　絵《え》をみて　ことばを　かきましょう。

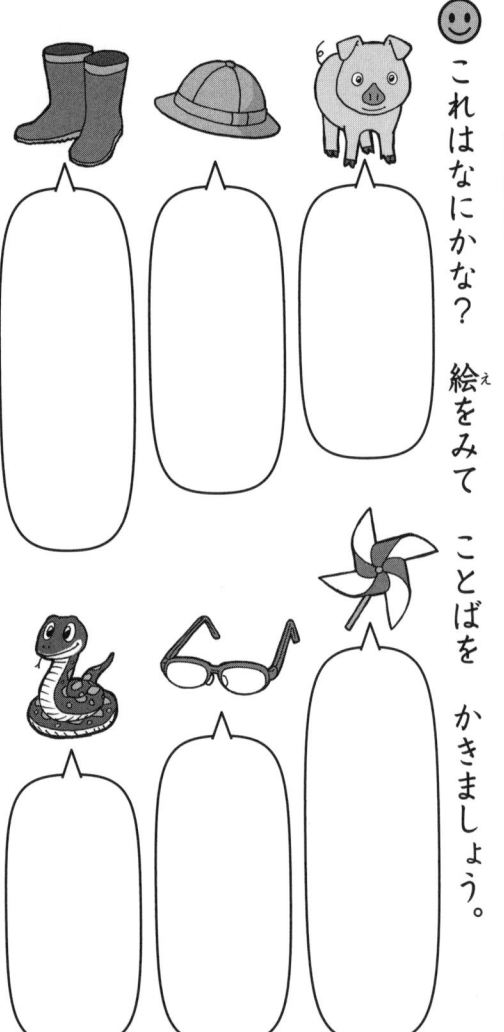

50 「゜」をつけて書こう

こくご13 ステップ2

月《がつ》　日《にち》　名前《なまえ》

「゜」をつけて　かいてから、よみましょう。

ぱ　ぴ　ぷ　ぺ　ぽ

もういちど　かいてみましょう。

「゜」をつけて、正《ただ》しいことばに　しましょう。

かっは

おんふ

「゜」をつけて、正《ただ》しいことばに　しましょう。

はんはん　と　たたく。

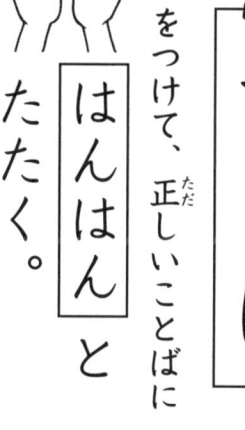

ひかひか　に　ひかる。

ふかふか　と　うく。

ほたほた　と　こぼれる。

「゜」が入《はい》ることばを　かんがえて　かいてみましょう。

51 こくご13 ステップ3

小さく書く字①

月《がつ》　日《にち》

名前《なまえ》

「っ」をかき入《い》れて　ただしいことばに　しましょう。

し○ぽ

は○ぱ

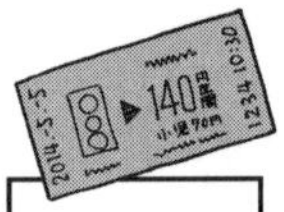

き　ぷ

な　とう

「っ」をつけて、正《ただ》しい文《ぶん》に　しましょう。

が　こうまで　はし　て　いった。

でんきを　けすと　ま　くらに　な　た。

あしたの　つぎの日《ひ》は　あさ　て　です。

「っ」が入《はい》ることばを　かんがえて　かきましょう。

52 こくご13 ステップ4

小さく書く字②

月《がつ》　日《にち》　名前《なまえ》

小《ちい》さい「ゃ」「ゅ」「ょ」をかき入《い》れて　正《ただ》しいことばにしましょう。

じ○うえん

ひ○くえん

し○うぼうし○

り○こう

「ゃ」「ゅ」「ょ」をつけて、正《ただ》しい文《ぶん》に　しましょう。

き　うし　くの　じ　んびを　する。

はっぴ　うの　れんし　うを　する。

き　うは　し　うじの　じ　ぎ　うが
ありました。

「ゃ」「ゅ」「ょ」が入《はい》ることばを　かんがえて　かきましょう。

＊カタカナを書こう／学びのステップ

ひらがなを覚えた子どもにとって，「カタカナ」は新しいルールです。「外国からきた言葉をカタカナで書く」ことを説明しても，新しいルールを習得することが苦手な子の場合は，書き分けられるようになるまで練習が必要です。まず「同じ読み方でも，ひらがなとカタカナがある」ということを覚え，ステップ1では，なぞったり，手本を見て書いたりする練習からはじめます。ステップ2は，ひらがなからカタカナに書き換える練習で，「ひらがなとカタカナを結ぶ」ことから始め，少しずつ書き換えができるようにしていきます。カタカナの50音表を手がかりに「『あ』はどれかな？」などと確かめながら練習してもよいでしょう。ステップ3は，濁音，半濁音，拗音を含むカタカナです。身近な音や様子をカタカナで表してみるとよいでしょう。ステップ4は，適切にカタカナを使って文を書く練習です。最初はスポーツなどよく目にするものから練習し，「『ジュース』はカタカナ」「『ノート』もカタカナ」のように覚えてしまうのもよいでしょう。身の回りのカタカナ言葉をたくさん見つけて，楽しく練習し，少しずつ「ひらがな」「カタカナ」を使い分けられるようにします。

◎カタカナ（書く）チェック

ステップ１	ステップ２	ステップ３	ステップ４
カタカナ50音	ひらがな⇒カタカナ	カタカナ（特殊音）	カタカナを含む文
□なぞって書く □手本を見て書く □一人で書く	□同じ読みのひらがなとカタカナを結ぶ　□ひらがな⇔カタカナへの書き換え　□ひらがな⇔カタカナを一人で考えて書く	□濁音・半濁音を含むカタカナの言葉　□拗音・促音を含むカタカナの言葉　□音や様子を表す言葉を書く	□文中のカタカナを見つける　□カタカナ表記をする言葉を見つけて文を修正する　□カタカナをつかって文を書く

国語 14 カタカナを書こう

☑ **学びのチェックポイント**

			できているかな？
ステップ1 ワーク 53	**カタカナを書こう** （50音）	●カタカナをなぞって書く。 ●手本を見てカタカナを書く（視写）。 ●一人でカタカナを書く。	（　） （　） （　）
ステップ2 ワーク 54	**ひらがなをカタカナにしよう**	●同じ読み方のひらがなとカタカナを結ぶ。 ●ひらがなからカタカナに変えて書く。 ●同じ読み方のひらがな・カタカナを考えて書く。	（　） （　） （　）
ステップ3 ワーク 55	**カタカナのことば**	●濁音・半濁音を含むカタカナの言葉を書く。 ●拗音・促音を含むカタカナの言葉を書く。 ●音や様子を表す言葉をカタカナで書く。	（　） （　） （　）
ステップ4 ワーク 56	**カタカナが入る文**	●カタカナで書く言葉がわかる。 ●適切にカタカナを使って文を書き換える。 ●カタカナの入る文を作って書く。	（　） （　） （　）

53

こくご14　ステップ1

カタカナを書こう（50音）

月《がつ》　日《にち》

名前《なまえ》

カタカナを　なぞって　かきましょう。

カタカナ

ア　イ　ウ　エ　オ
カ　キ　ク　ケ　コ
サ　シ　ス　セ　ソ
タ　チ　ツ　テ　ト
ナ　ニ　ヌ　ネ　ノ
ハ　ヒ　フ　ヘ　ホ
マ　ミ　ム　メ　モ
ヤ　★　ユ　★　ヨ
ラ　リ　ル　レ　ロ
ワ　ヲ　ン　★　★

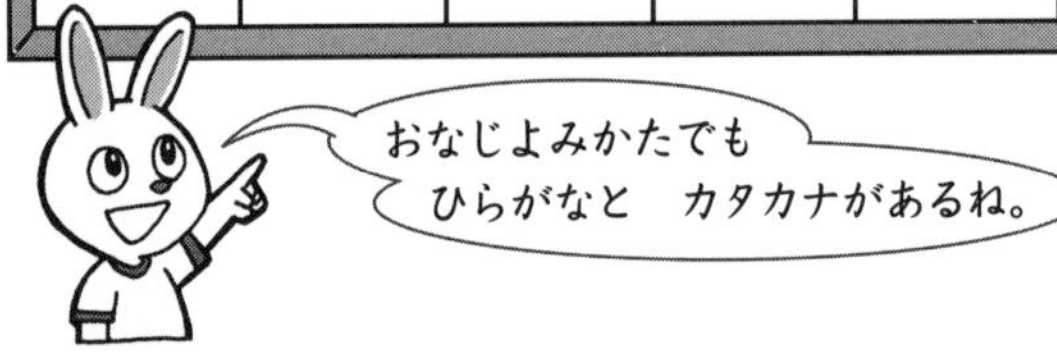
おなじよみかたでも
ひらがなと　カタカナがあるね。

「手本《てほん》を見《み》て書《か》く」「ひとりで書《か》く」ことにも　チャレンジしよう。

54 ひらがなをカタカナにしよう

こくご14　ステップ2

月《がつ》　日《にち》

名前《なまえ》

ひらがなと　カタカナを　せんで　むすびましょう。

あ　め　り　か

メ　カ　ア　リ

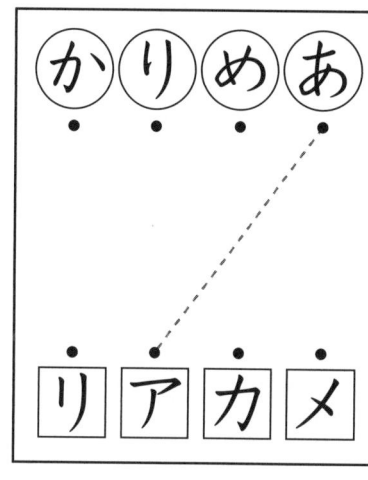

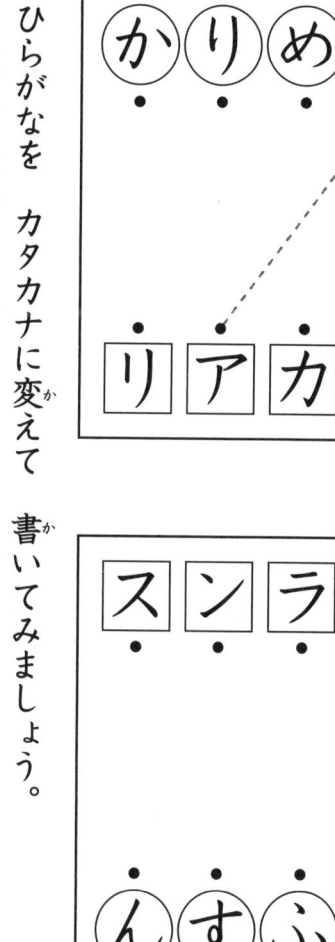

カタカナと　ひらがなを　せんで　むすびましょう。

フ　ラ　ン　ス

ら　ふ　す　ん

ひらがなを　カタカナに変《か》えて　書《か》いてみましょう。

らいおん ↓

となかい ↓

はむすたー ↓

同《おな》じ読《よ》み方《かた》のひらがなとカタカナの組《く》み合《あ》わせを考《かんが》えて書《か》いてみましょう。

お　オ

55

こくご14　ステップ3

カタカナのことば

月《がつ》　日《にち》

名前《なまえ》

「゛」や「゜」にちゅういして、カタカナのことばをかきましょう。

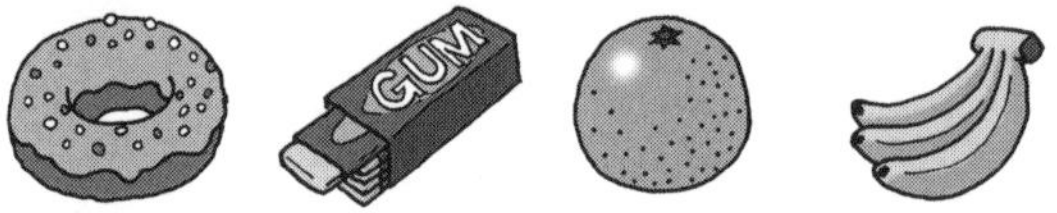

バナナ　オレンジ　ガム　ドーナツ

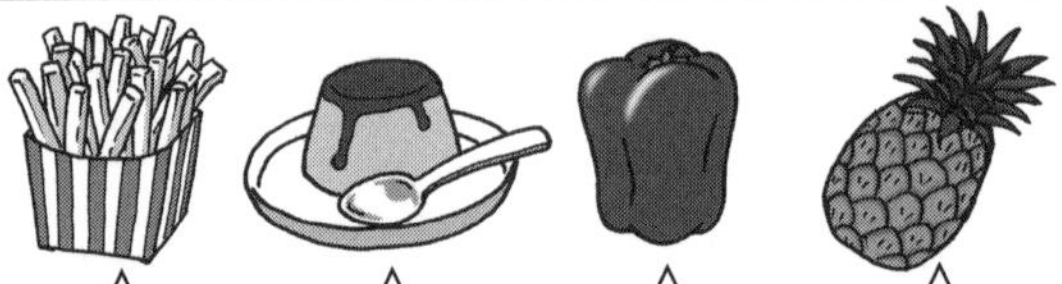

パイナップル　ピーマン　プリン　ポテト

音《おと》やなき声《ごえ》をあらわすことばをカタカナでかいてみましょう。

56 こくご14 ステップ4 カタカナが入《はい》る文

月《がつ》　日《にち》
名前《なまえ》

文中《ぶんちゅう》からカタカナのことばを見《み》つけてかきましょう。

ぼくはさっかーと
ばすけっとぼーる
がすきです。
兄《あに》はてにすと
すきーがとくいです。

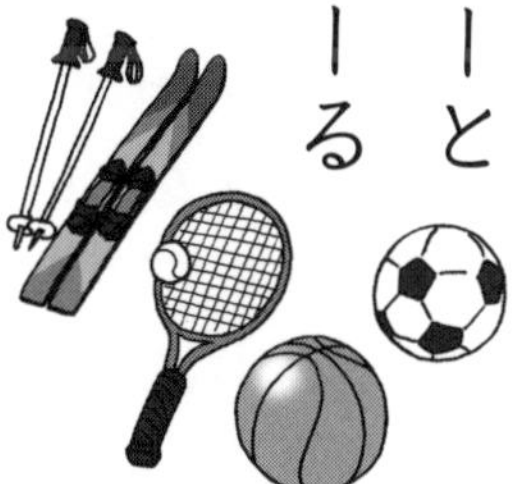

つぎの文《ぶん》をカタカナを正《ただ》しくつかってかきかえましょう。

わたしはれすとらんで
すぱげてぃーを
たべました。
おれんじじゅーすも
のみました。

身《み》の回《まわ》りにあるカタカナことばをみつけて、文《ぶん》を作《つく》ってかいてみましょう。

＊短い文を書こう／学びのステップ

作文の基礎，短い一文を書きます。作文に苦手意識がある子も，「。」が一つの一文なら負担なく取り組めそうですね。ステップ1 は二語文作りです。最初から一人で考えて書くのではなく，「水を」に続く「どうする」の部分から考え，「何を（が・は）どうする」の文をたくさん作ってみます。「椅子にすわる」「バスにのった」「空は青い」など，現在の状況，子どもが直近に（または現在）体験したこと，実際に目で見て確認できることから文にしてみるとよいでしょう。ステップ2 は，三〜四語文。最初は選択肢から選んで組み合わせる方法で負担なく文作りを楽しみ，ステップ3 では，一人で作った文に「どうして（理由）」「どんな（様子）」なども加えて長い詳しい文にする練習をします。ステップ4 では，「読点」「句点」の意味を正しく使って原稿用紙に書いてみる練習です。

作文に負担がある子には，言葉の選択肢から選んだり，「イラスト」「写真」「身近な実物（自分の筆箱など）」を見たりするなど，たくさんの材料を用意して楽しく取り組める工夫をしましょう。この一文作りは「作文の型」となりますので，一人で色々な文が作れるまで，様々なパターンでたくさん練習しておきましょう。

◎「作文（短い文）」チェック

ステップ1	ステップ2	ステップ3	ステップ4
二語文	三〜四語文	一文	読点と句点
□「なにを（が・は）」に続く「どうする」を考えて書く　□二語文を作って書く　□絵を見て二語文で説明する	□「いつ／だれが／どうした」の三語文を作る　□「いつ／だれが／なにを／どうした」の四語文を作る	□一文を作って書く　□「どうして」（理由）を入れて書く　□「どんな」（様子）を入れて書く	□読点を正しく打って書く　□句点を正しく書く　□原稿用紙に読点・句点を正しく書く

国語 15 短い文を書こう

☑ 学びのチェックポイント

			できているかな？
ステップ1 ワーク 57	二語文を書こう	●「なにを（が・は)」に続く「どうする」を書く。 ●助詞に合うように二語文を作って書く。 ●絵を見て，二語文で表現する。	（　） （　） （　）
ステップ2 ワーク 58	三語文を書こう	●「いつ／だれが／どうした」の三語文を書く。 ●「いつ／だれが／なにを／どうした」の四語文を書く。 ●一文を作って書く。	（　） （　） （　）
ステップ3 ワーク 59	一文を書こう	●「いつ／どこで／だれが／（なにを）どうした」のメモを作って書く。 ●「どうして」「どんな」を加えて詳しい文にする。	（　） （　） （　）
ステップ4 ワーク 60	句読点をつけて書こう	●読点の意味がわかる。 ●句点の意味がわかる。 ●読点と句点を入れて，原稿用紙に正しい文が書ける。	（　） （　） （　）

57

こくご15　ステップ1

二語文を書こう

月《がつ》　日《にち》
名前《なまえ》

●つなぎことばに気《き》をつけて　文《ぶん》をつくって書《か》きましょう。

みず　を

いぬ　が

ぼく　は

●つなぎことばをつかって　文《ぶん》をつくって書《か》いてみましょう。

を　が　は

●何《なに》をしているかな？　絵《え》を見《み》て　文《ぶん》で話《はな》してみよう。

58

こくご15　ステップ2

三語文を書こう

月《がつ》　日《にち》

名前《なまえ》

すきなことばを組《く》み合《あ》わせて「いつ」「だれが」「どうした」の文《ぶん》を書《か》きましょう。

いつ

きのう
きょう
日よう日
朝早《あさはや》く
午後《ごご》３時《じ》
夜《よる》おそく
○月○日
など

だれ

わたし
おとうさん
おかあさん
女の子
男の子
先生
○○くん
など

どうした

出かけた
ないた
およいだ
宿題《しゅくだい》をした
マンガを買《か》った
ケーキを作《つく》った
○○をした
など

「いつ」は、時間《じかん》や日づけに関《かん》することば、「だれ」は人《ひと》に関係《かんけい》することばだね！

（れい／きのう　わたしは　でかけた。）

①　いつ　だれ　どうした

②

③

あなたは今《いま》、何《なに》をしている？　文《ぶん》で書《か》いてみよう。

59 こくご15 ステップ3

一文を書こう

月《がつ》　日《にち》

名前《なまえ》

「いつ」「どこで」「だれが」「なにをどうした」の文《ぶん》を自由《じゆう》に作《つく》ってみましょう。

いつ?

どこで?

だれが?

なにをどうした?

どんなことを書《か》こうかな。
書《か》きたいことはたくさんあるよ!

一つの文《ぶん》につなげて書《か》きましょう。

「どうして」「どんなようす」を加《くわ》えて、もっとくわしい文《ぶん》にしてみましょう。

どうして!?

どんなようす!?

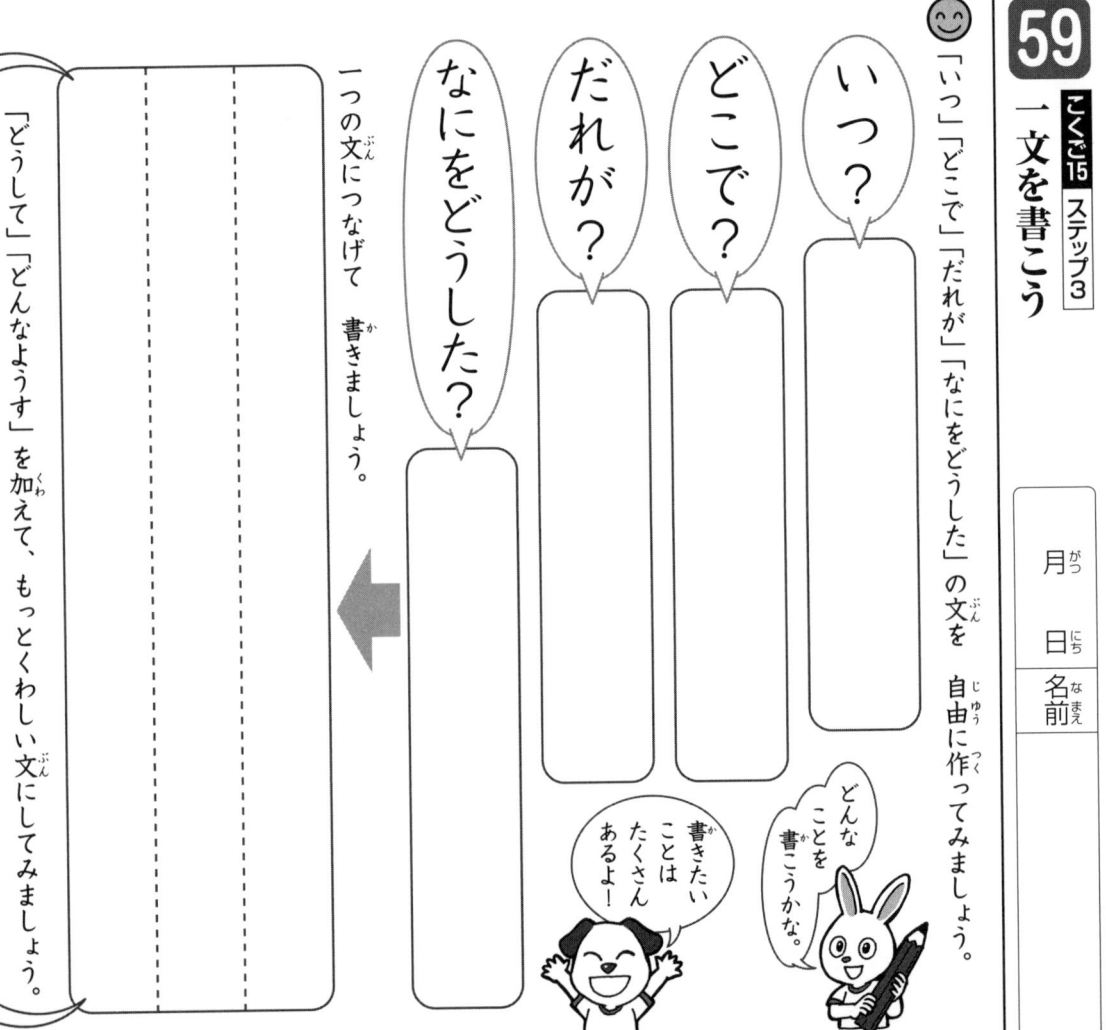

60 こくご15 ステップ4

句読点をつけて書こう

月《がつ》　日《にち》
名前《なまえ》

意味《いみ》のくぎりには「、」(点《てん》／読点《とうてん》)、文のおわりには「。」(丸《まる》／句点《くてん》)をつけて書《か》きます。
次の文の「、」「。」をなぞって書《か》きましょう。「、」「。」に気をつけて文を読《よ》みましょう。

しゅくだいがおわったので、あそびにいきます。
こうえんにいったら、田中《たなか》くんがいました。

、読点《とうてん》

。句点《くてん》

「、」「。」をなぞってから、もう一度《いちど》書《か》きましょう。

きょうはとてもさむかったので、ずっといえの中ですごしました。

一字あける

会話《かいわ》の部分《ぶぶん》に、「」(かぎ)をつけます。「」をなぞってから、もう一度《いちど》書《か》きましょう。

先生《せんせい》が、
「ノートの字《じ》はていねいに書《か》きましょう」
とおっしゃいました。

一字あける

＊自分の言葉で書こう／学びのステップ

最初から原稿用紙に長い作文を書くのではなく，身近なことから自分のことばをつなげて文を書くことを楽しみましょう。「何を書きたいの？」と聞かれても，なかなか言えない子もいます。最初は子どもと「一緒に書く」気持ちで，先生の方からいろいろな言葉や表現を提案してあげてください。ステップ１は，日記文です。その日の出来事を「いつ」「だれが」「どこで」などのメモにまとめ，それらをつなげて日記文にまとめます。そのときの「きもち」についても書くようにします。ステップ２は，自己紹介の文です。「好きなこと」「得意なこと」などがすぐに出てこない場合，本人が思いつかない時には「○○君は絵が上手だね」など伝えてあげ，いくつかの選択肢から子どもが選ぶようにするとよいでしょう。メモから助詞を用いて文にまとめます。ステップ３は，黒板の情報をノートに書く課題，ステップ４は，書く人を決めて手紙を書く教材です。いずれも日常生活の中での「書く」につながるよう，「どんな言葉を使って書いたらよいか」について具体的なアドバイスをしてあげましょう。

◎「作文（短い文）」チェック

ステップ１	ステップ２	ステップ３	ステップ４
日記文	自己紹介文	連絡帳	手紙文
□日付と曜日を書く □日記メモを書く □自分の気持ちを書く □メモをつなげて日記文にまとめる	□簡単な質問に答えて書く □助詞を使って文にする □自己紹介文を書く	□黒板の情報を書き写す □連絡帳の書き方を工夫する □大事な箇所がわかる	□相手に伝えたいことを考える □宛先・日付・差出人などを書く □相手のことを考えて書く

国語 16 自分の言葉で書こう

☑ 学びのチェックポイント

			できているかな？
ステップ1 ワーク 61	日記文を書こう	●日付と曜日を書く。 ●その日の出来事を思い出してメモを作る。 ●自分の気持ちについて書く。 ●メモをつなげて，日記文を書く。	(　　) (　　) (　　) (　　)
ステップ2 ワーク 62	自分のことを書こう	●簡単な質問に答えて書く。 ●助詞を使って文にして書く。 ●自分のことばで自己紹介文を書く。	(　　) (　　) (　　)
ステップ3 ワーク 63	連絡の文を書こう	●黒板の情報をノートに正確に書く。 ●ノートの使い方を工夫して書く。 ●大事なことに色付けなどしてわかりやすく書く。	(　　) (　　) (　　)
ステップ4 ワーク 64	手紙を書こう	●手紙を書く人と書きたいことを決める。 ●宛名・日付・差出人を書く。 ●相手の人のことを考えて手紙を書く。	(　　) (　　) (　　)

61

こくご16 ステップ1

日記文を書こう

月《がつ》　日《にち》

名前《なまえ》

きょうの日づけを 書《か》きましょう。

月　日　よう日

天気

きょう（またはきのう）のできごとを思《おも》い出して、日記《にっき》メモを 作りましょう。

① いつ

きょう・きのう

② どこで

③ だれが

④ なにをした

⑤ 思《おも》ったこと・じぶんの気《き》持《も》ち

メモをもとに、日記《にっき》を書《か》いてみましょう。

絵《え》をかいてみよう

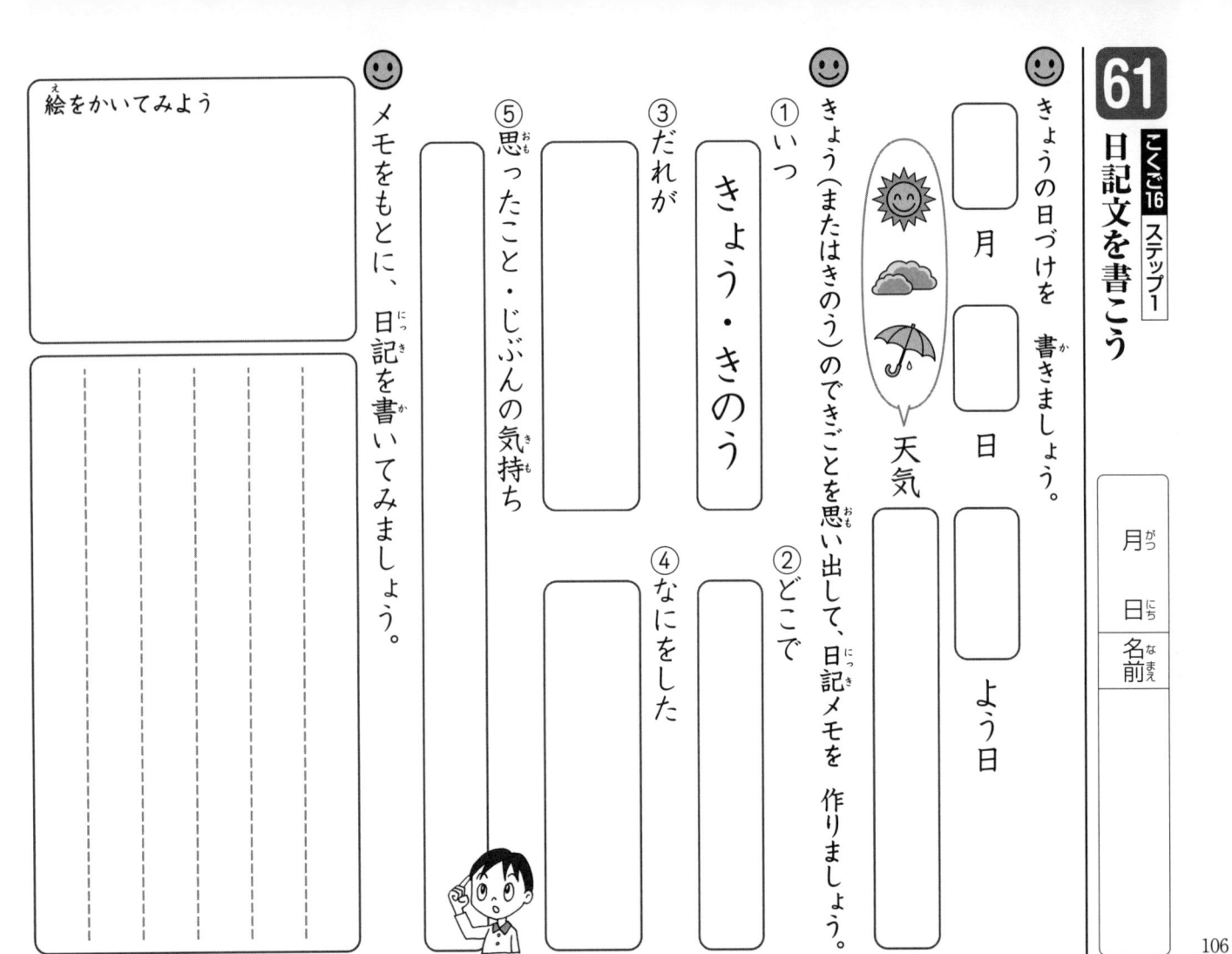

62 こくご16 ステップ2 自分のことを書こう

月《がつ》　日《にち》
名《な》前《まえ》

しつもんに答《こた》えて書《か》きましょう。

あなたの名前は？

（男の子・女の子）

何《なん》年生ですか？

たん生日

〈自《じ》画《が》像《ぞう》〉

すきな教《きょう》科《か》は？

とくいなことは？

しょうらいの夢《ゆめ》は？

メモをもとに、じこしょうかい文を書《か》きましょう。

（ぼく・わたし）の名前は　　　　です。

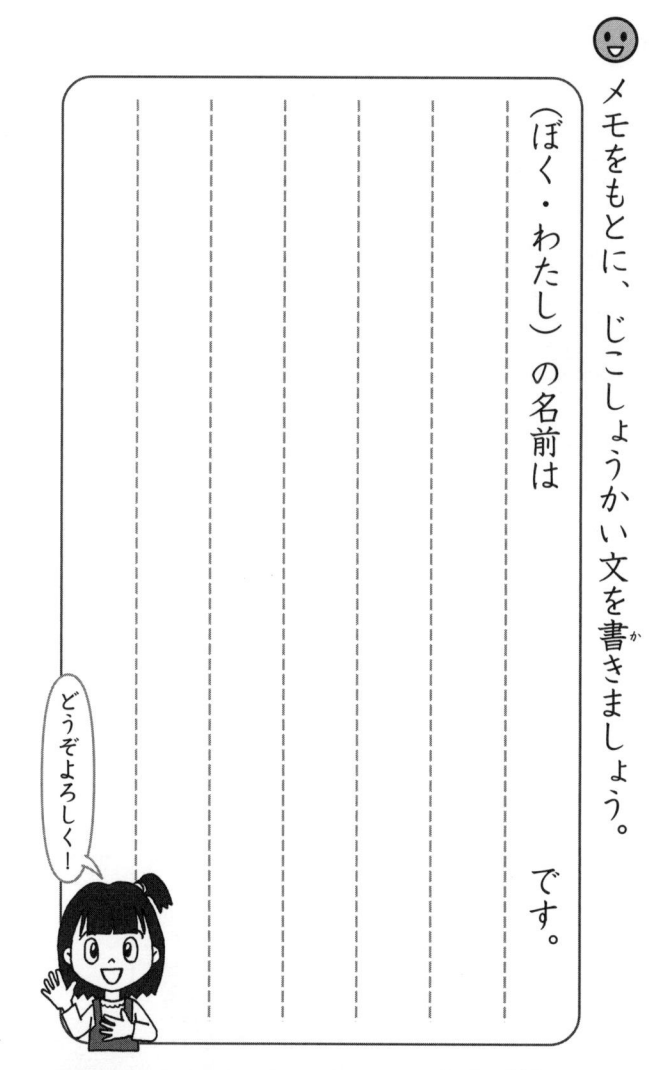

63

こくご16　ステップ3

連絡の文を書こう

月《がつ》　日《にち》
名前《なまえ》

☺ 黒《こく》板《ばん》を見て　れんらくを　書《か》きましょう。

7月7日(金)　日直　宮本君　吉成さん

あしたの時《じ》間《かん》割《わり》

国語　体育　算数　図工

●体育はプールがあります。プールカードを忘れないように。

●図《ず》工《こう》で絵《え》の具《ぐ》を使《つか》うので、パレットをあらってもってくること。

●けんきゅう会《かい》があるため、給食《きゅうしょく》はありません。下《げ》校《こう》は12：40です。

宿題《しゅくだい》

①漢《かん》字《じ》ドリルP25～26

②家《いえ》の手《て》伝《つだ》い

64 こくご16 ステップ4

手紙を書こう

月《がつ》　日《にち》

名前《なまえ》

手紙《てがみ》を書《か》く人を　決《き》めましょう。

（　）なかのよい友だち　（　）おじいちゃん、おばあちゃん

（　）おせわになった先生　（　）家族《かぞく》　（　）その他《た》↓

どんな気持《きも》ちを伝《つた》えたいですか？

手紙《てがみ》を書《か》いてみましょう。

へ

月　日

より

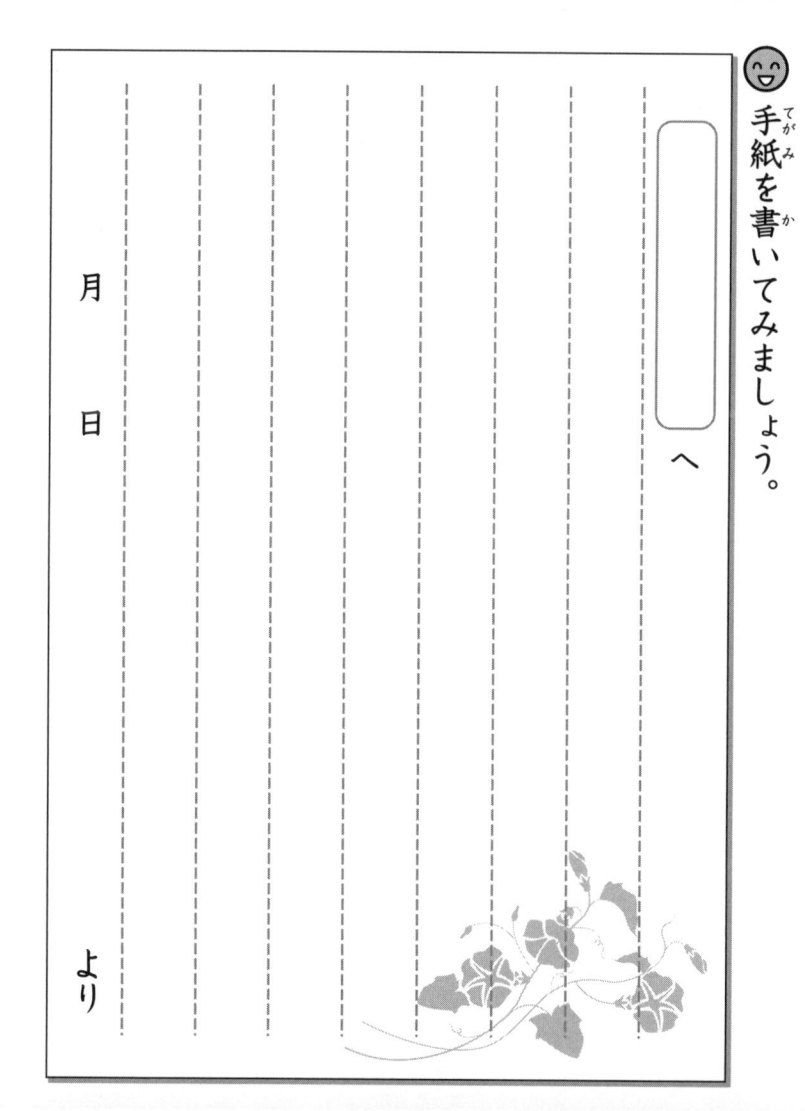

先生：「そう，思い出してくれてよかったよ。そんないいことがあったなら，それを日記に書こうよ」

まもる：（先生と一緒に③だれが，④なにをしたを書き入れる）

先生：「サイクリングに行って，そのときの気持ちはどうでしたか？」

まもる：「とくにないよ。ただのサイクリングだもん」

先生：「じゃあ，どこまで行ったのかな？」

まもる：「家から東京スカイツリーまで行ったんだよ」

先生：「すごい。そんな遠くまで行ったのね！　スカイツリーはどうだった？」

まもる：「すっごく高い，634mだよ。先生は行ったことある？」（と話が逸れそうになる）

先生：「今のこと，くわしく書けそうだね。『スカイツリーはとても高くて，その高さは……』」

まもる：（『スイカイツリーはとても高くて』……と書いていく）

長い文章を書くことが苦手なまもる君ですが，メモができたことで見通しが立ち，安心できた様子。「どんなことを書いたらいいかわからない」という子には，一問一答のインタビュー形式で書く内容を整理したり，実際に絵を描いてみたりして，その時の様子や気持ちも少しずつ「言葉にして」書けるよう誘導します。

コラム③ 今日は何もなかった？
～日記を書きたがらないまもる君～（ワーク61）

今日あったことを忘れてしまったわけではないのに，日記を書きたがらないまもる君。何があったかは覚えているけれど，それをどう書いたらよいかがわからないのです。先生はまず日付の確認から始めます。

先生：「まもる君，今日は暑かったね。 今日は何月何日？」
まもる：「えっと７月……５日！」（と言って書く）
先生：「そう。今日は７月５日。もうすぐ夏休みだね。じゃあ，今日は何曜日？」
まもる：「すい！」
先生：「そうですね。じゃあここに書いてね」
まもる：（曜日の枠に「水」と書き入れる。同様に天気も書き入れて）「日記，いやだな～。とくに何もなかったよ～」
先生：「大丈夫，書きやすいように，最初に日記メモをつくってみるよ。今日のことがいい？　昨日のことにする？」
まもる：「じゃ，きのうにする」（①「いつ」の欄の「きのう」を囲む）
先生：「どこであったことを書く？」
まもる：「家，かなあ…！」（②の欄に「家」と書き入れる）
先生：「『だれが』はどうかな？」
まもる：「そうだ，ぼくと田中くんで，サイクリングに行ったんだよ！」

＊工夫して書こう／学びのステップ

言葉や書き方を自由に工夫して書くことによって，書く楽しさを味わう教材です。一人で書かせるのではなく，事前にテーマについて説明をし，子どもたちが「書きたいこと」「工夫したいこと」を明確に取り組めるよう工夫しましょう。ステップ1は，「自分の筆箱」「今いる部屋」について観察して書く作文です。目で見て確認できることから書けるよう，他にも色々なものを説明する練習をしましょう。ステップ2は「道案内」です。最寄駅から自宅までの道のりをいったん地図という形に描いてから，知らない人にも行き方がわかるように説明します。誰にでもわかる目印など「何がポイントか」を明確にし，人に説明する際に大事なことを意識できるようにしましょう。ステップ3は，身近な出来事やニュースの中からテーマを決めて文章を書く課題です。自分が興味・関心を持ったことを「知らない人にもわかる」ように書くにはどうしたらよいか，工夫して書けるようにしましょう。ステップ4は，登場人物を自由に３人設定し，お話を作る課題です。「自由に書く」「想像して書く」ことが苦手な子には，一緒に考えてあげましょう。

◎「作文（短い文）」チェック

ステップ１	ステップ２	ステップ３	ステップ４
よく見て書く	道案内	新聞記事	お話づくり
□自分の筆箱について説明して書く □部屋の様子について詳しく書く。	□最寄駅から自宅までの地図をかく □目印などポイントとなる場所を書く □駅から自宅までの行き方を説明する	□何について書くか決める □「いつ」「どこで」「何があったか」をまとめる □知らない人に伝わるように書く	□登場人物を３人設定する □３人の登場人物について説明する □お話の一場面を作って書く

国語 17 工夫して書こう

☑ 学びのチェックポイント

			できているかな？
ステップ1 ワーク 65	よく見て書こう	●自分の筆箱を見て色や形などくわしく書く。 ●自分の筆箱を説明する文章を工夫して書く。 ●「今いるこの部屋」について説明して書く。	(　　) (　　) (　　)
ステップ2 ワーク 66	道案内を書こう	●最寄駅から自宅までの地図をかく。 ●ポイントとなる場所がわかる。 ●最寄駅から自宅までの行き方を詳しく説明する。	(　　) (　　)
ステップ3 ワーク 67	新聞記事を書こう	●身近な出来事やニュースを見つける。 ●テーマにした出来事について知っていることを三つ書く。 ●知らない人にもわかるように工夫して書く。	(　　) (　　) (　　)
ステップ4 ワーク 68	お話を作って書こう	●登場人物を３人決めて，「名前」「どんな人か」を設定する。 ●３人の登場人物が出てくるお話の一場面を作って書く。	(　　) (　　) (　　)

65 よく見て書こう

こくご17 ステップ1

月《がつ》　日《にち》

名《な》前《まえ》

身《み》近《ぢか》なものについて、よく見て説《せつ》明《めい》しましょう。

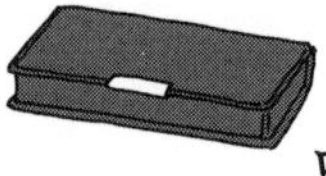

① あなたのふでばこは、どんなふでばこ・・・？

色《いろ》

形《かたち》

いつどこで買《か》ったの？　気《き》に入《い》った理《り》由《ゆう》は？

中に入っているものは？

② あなたが今いる部《へ》屋《や》のようすを書《か》きましょう。

絵《え》をかいてみよう

66 こくご17 ステップ2

道案内を書こう

月《がつ》　日《にち》

名前《なまえ》

あなたの家《いえ》のもより駅《えき》から、あなたの家《いえ》までの地図《ちず》をかいてみましょう。目印《めじるし》となる建物《たてもの》をなるべくたくさんかきましょう。

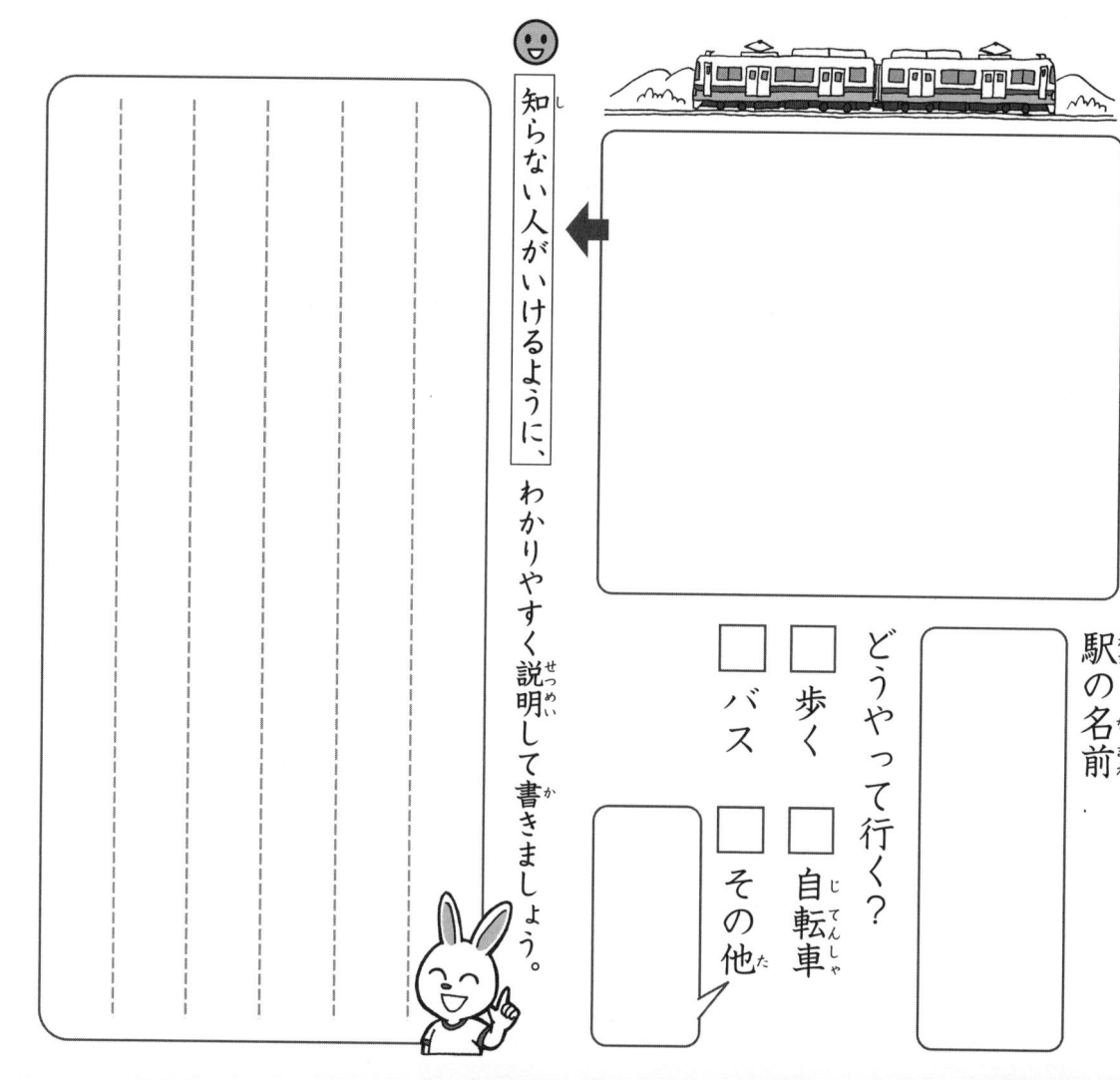

駅《えき》の名前《なまえ》

どうやって行く？

□ 歩く　□ 自転車《じてんしゃ》

□ バス　□ その他《た》

知《し》らない人がいけるように、わかりやすく説明《せつめい》して書《か》きましょう。

67

こくご17　ステップ3

新聞記事を書こう

月《がつ》　日《にち》

名前《なまえ》

最近話題《さいきんわだい》になったニュース、あなたが興味《きょうみ》・関心《かんしん》をもっている出来事《できごと》について、くわしく説明《せつめい》しましょう。

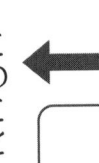

何《なに》について書《か》きますか？（テーマ）

このことについて、あなたがわかったことを三つ書《か》きましょう。

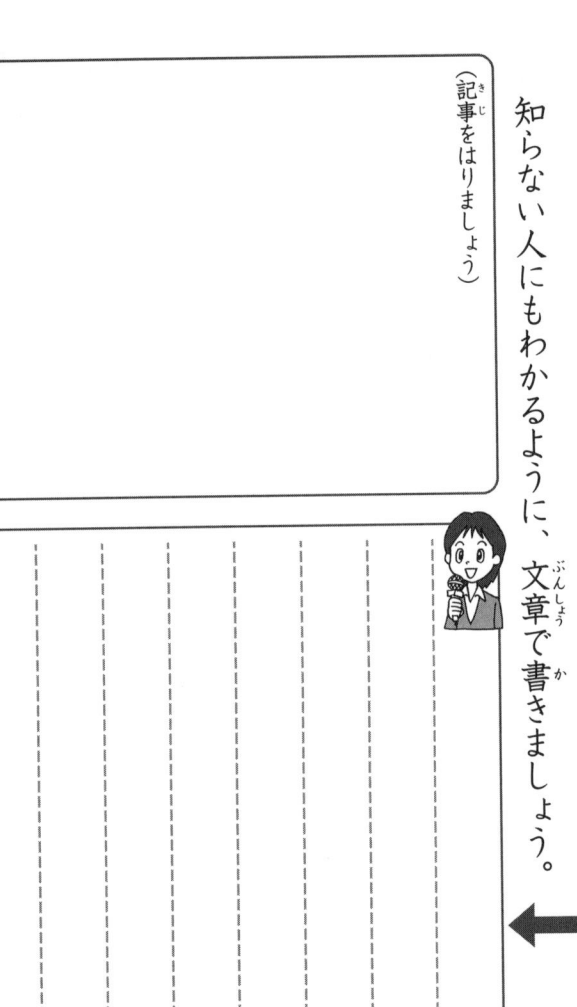

①

②

③

知らない人にもわかるように、文章《ぶんしょう》で書《か》きましょう。

（記事《きじ》をはりましょう）

68 こくご17 ステップ4

お話を作って書こう

月《がつ》　日《にち》

名前《なまえ》

登場人物《とうじょうじんぶつ》を3人決《き》めましょう。

①

名前《なまえ》

（男・女）

どんな人？

②

名前《なまえ》

（男・女）

どんな人？

③

名前《なまえ》

（男・女）

どんな人？

①②③の人が出てくるお話《はなし》の一場面《いちばめん》を作って書《か》いてみましょう。

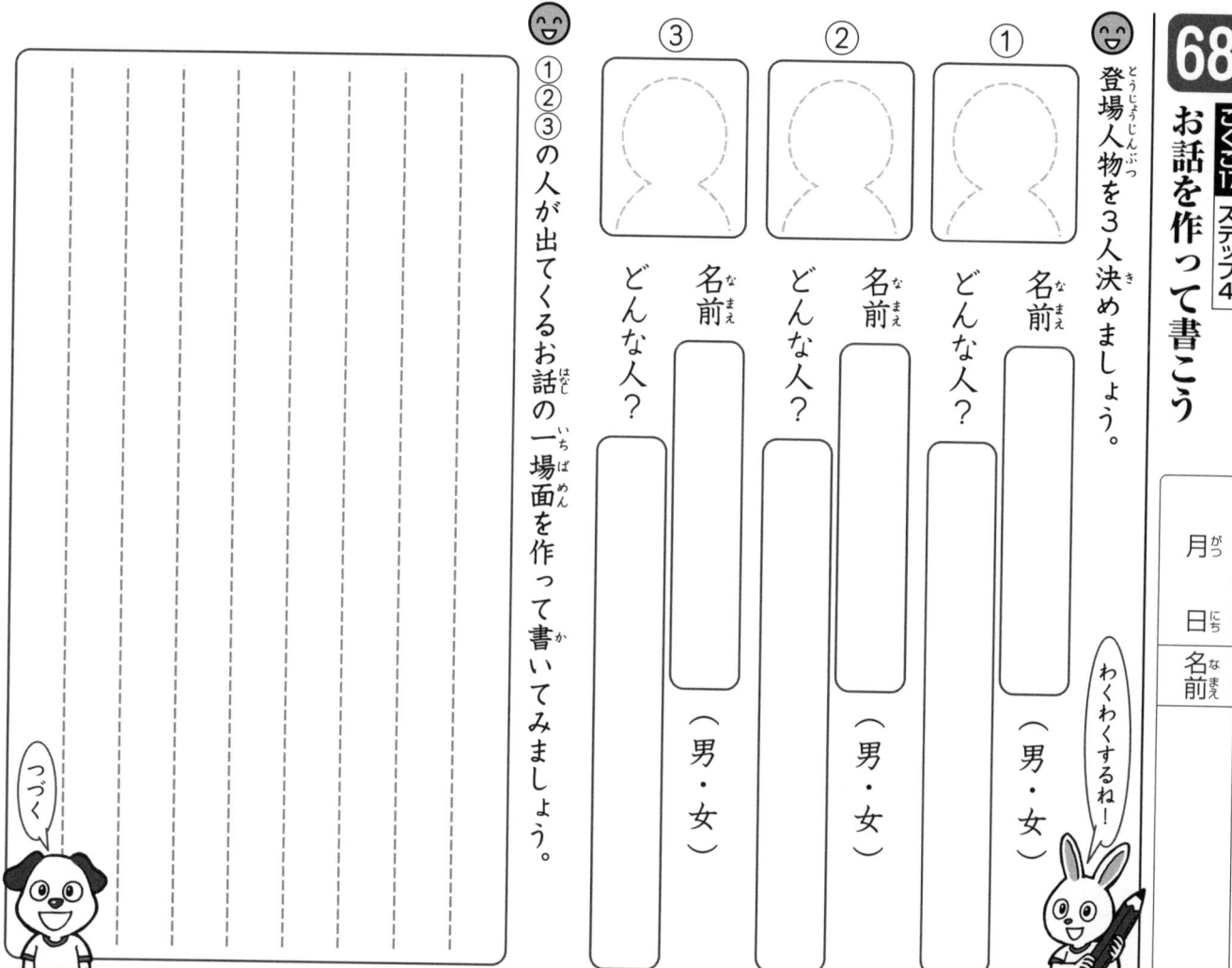

＊考えたことを書こう／学びのステップ

自分の知っていることや経験したこと，考えたことを，作文に書きます。自分の意見を言葉で言える子も，それを相手に伝わるように文で書くことはむずかしいもの。短いテーマ作文をたくさん書いて，作文のコツを身に付けましょう。ステップ１は，「はじめに」「次に」「最後に」／「一つ目は」「二つ目は」「三つ目は」などの言葉を使って順序よく説明して書く作文です。「はじめに……何をしたらいいかな？」など言葉で誘導してあげてもよいでしょう。ステップ２は，一つのテーマについて「賛成」か「反対」かを考え，「賛成」「反対」両方の立場の理由を考えて書く作文です。自分とは違う立場の意見についても考えてみることがポイント。「なぜ」の理由を先生と一緒に考えましょう。ステップ３は，一つのテーマに沿って「自分の意見（ぼく・わたしはこう思う作文）」を書きます。ステップ４は，さらに自分でテーマを設定してテーマ作文を書きます。いずれも最初から一人で書かせるのではなく，事前に「○○君はどう思う？」と本人の気持ちを聞いたり，テーマについての説明を加えたりしながらメモを作るなど，作文の「素材」となる部分を一緒に用意してあげながら，少しずつ一人で書ける部分を増やしていきます。

◎「作文（短い文）」チェック

ステップ１	ステップ２	ステップ３	ステップ４
順序立てて書く	二つの立場で書く	自分の意見を書く	テーマを決めて書く
□説明する順番を考える □「はじめに」「次に」「最後に」を使って書く □「一つ目」「二つ目」「三つ目」を使って書く	□「賛成」「反対」の意味がわかる □「賛成」の立場で書く □「反対」の立場で書く	□「自分の意見」をメモにする □テーマに沿って相手にわかるように「自分の意見」を書く	□作文のテーマを決める □作文メモを作る □テーマに沿って作文を書く

国語 18 考えたことを書こう

できて
いるかな？

☑ 学びのチェックポイント

ステップ1 ワーク 69	**順序立てて書こう**	●テーマについて説明する順番を考える。 ●テーマについて考え，「はじめに」「次に」「最後に」／「一つ目は」「二つ目は」「三つ目は」などの言葉を使って説明する。	（　　） （　　）
ステップ2 ワーク 70	**二つの立場で書こう**	●テーマについて「賛成」「反対」の意味がわかる。 ●テーマについて「賛成」の理由を考えて書く。 ●テーマについて「反対」の理由を考えて書く。	（　　） （　　） （　　）
ステップ3 ワーク 71	**自分の意見を書こう**	●テーマについて「自分の意見」をメモに書く。 ●テーマについて「自分の意見」をその理由も含めて相手にわかるように書くことができる。	（　　） （　　）
ステップ4 ワーク 72	**テーマ作文を書こう**	●作文のテーマを考えて決めることができる。 ●作文メモを作る。 ●一つのテーマに沿って作文を書く。	（　　） （　　） （　　）

69

こくご18 ステップ1

順序立てて書こう

月《がつ》　日《にち》

名前《なまえ》

テーマを選《えら》んで、次の言葉《ことば》を使《つか》って説明《せつめい》してみましょう。

カレーの作り方／ご飯《はん》のたき方／教室のそうじの手順《てじゅん》／その他《た》

① テーマ（　　　　　　）

について説明《せつめい》します。

② はじめに、

③ つぎに、

④ さいごに、

忘《わす》れ物《もの》をしないために大切《たいせつ》なこと／地《じ》しんがおきたときにとるべき行動《こうどう》／その他《た》

① テーマ（　　　　　　）

について説明《せつめい》します。

② 一つ目は、

③ 二つ目は、

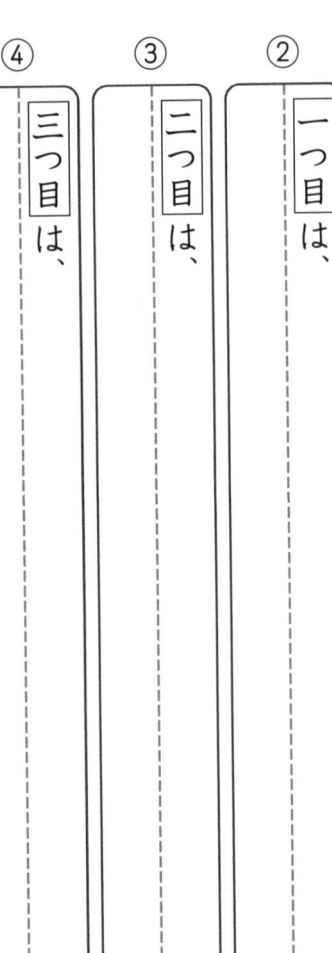

④ 三つ目は、

70 こくご18 ステップ2 二つの立場で書こう

月《がつ》　日《にち》　名前《なまえ》

テーマを選《えら》んで、賛成《さんせい》する意見《いけん》と反対《はんたい》する意見《いけん》の両方《りょうほう》を考え、理由《りゆう》がわかるように説明《せつめい》して書《か》きましょう。

①土曜日も学校があった方がよい　②給食《きゅうしょく》よりお弁当《べんとう》の方がよい
③宿題《しゅくだい》はない方がよい　④中学校の修学旅行《しゅうがくりょこう》は海外旅行《かいがいりょこう》がよい　⑤その他《た》

選《えら》んだテーマ

A　**賛成《さんせい》**（意見《いけん》と理由《りゆう》）

B　**反対《はんたい》**（意見《いけん》と理由《りゆう》）

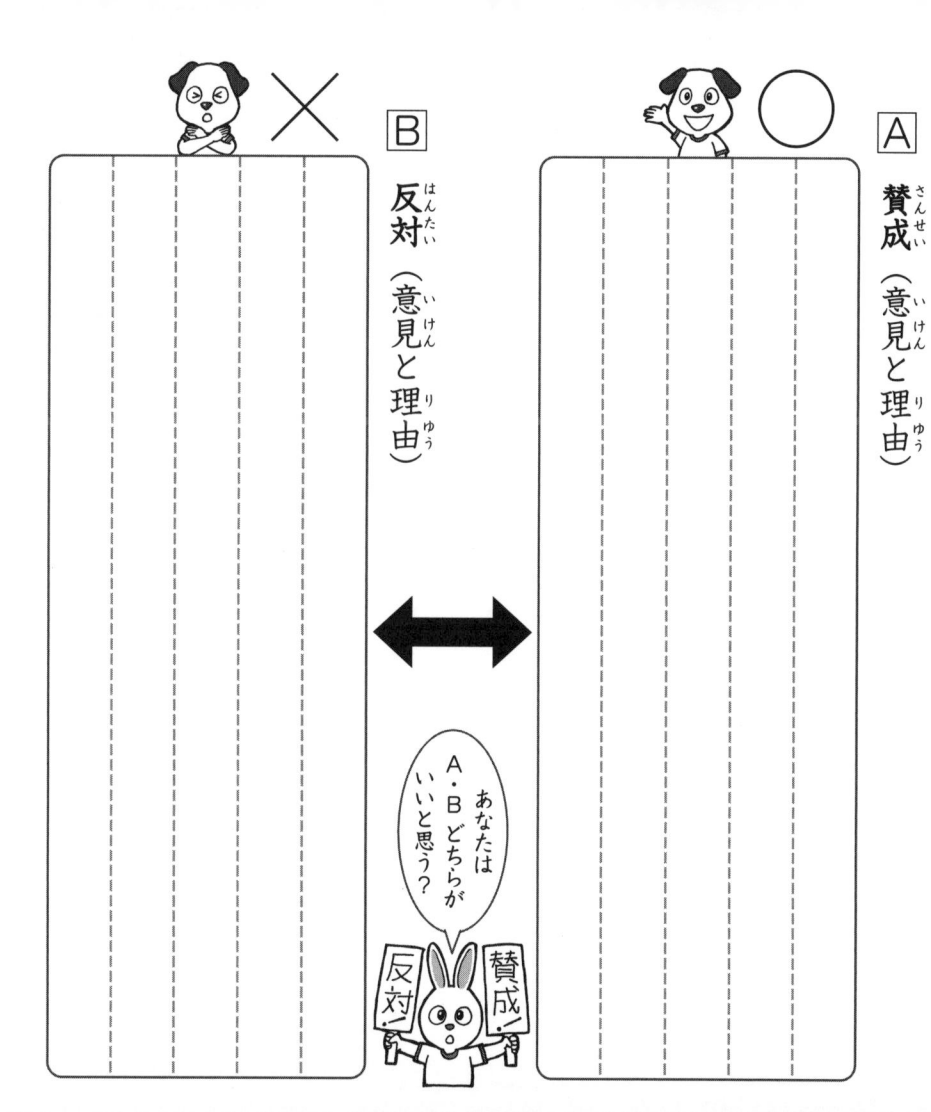

71 こくご18 ステップ3 自分の意見を書こう

月《がつ》　日《にち》

名前《なまえ》

テーマを選《えら》んで、自分《じぶん》の意見《いけん》をまとめて作文を書《か》きましょう。

①「子どもたちとゲームについて」②「学校をもっとよくするために」
③「いじめをなくすために」④その他《た》

選《えら》んだテーマ

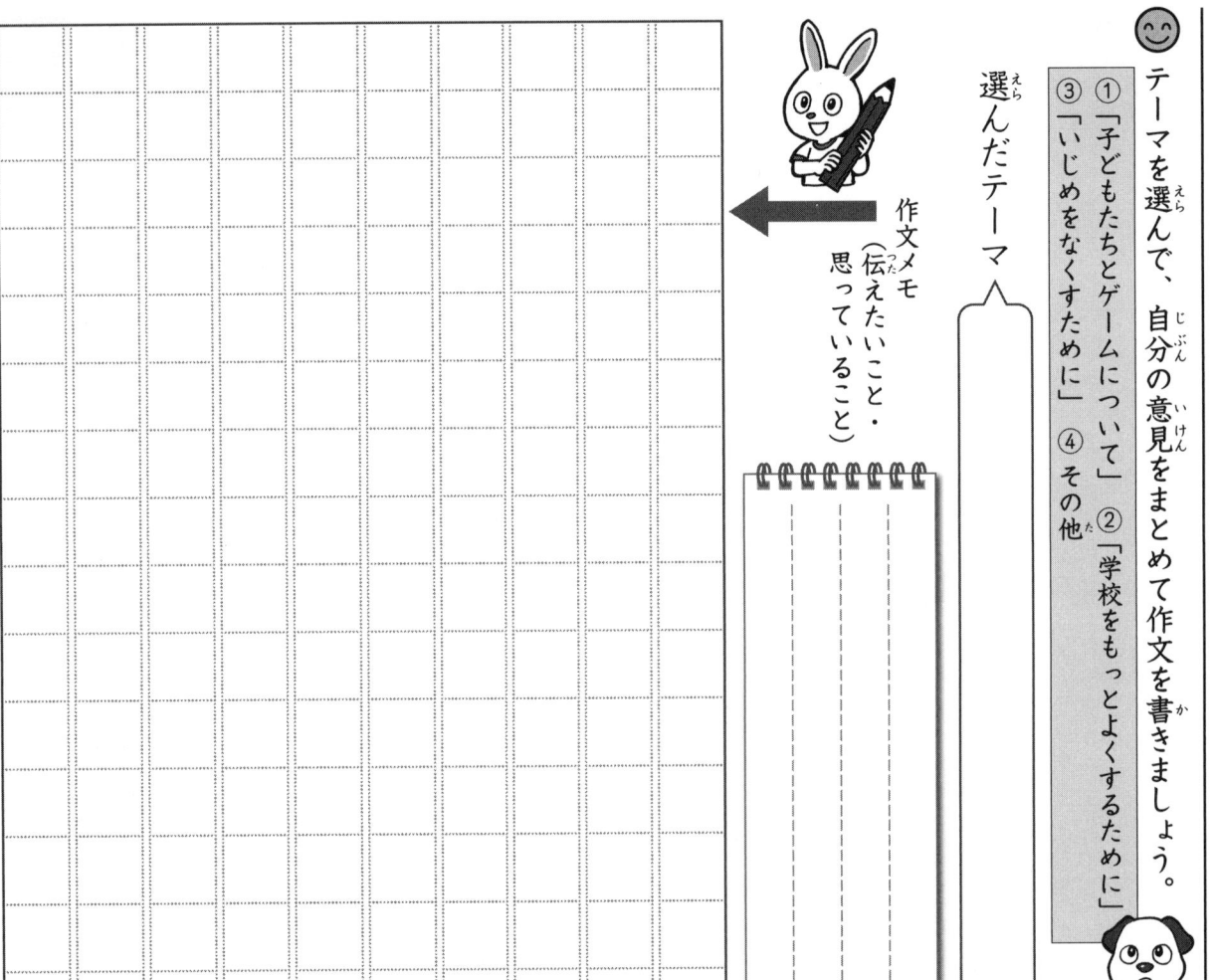

作文メモ（伝《つた》えたいこと・思っていること）

72 こくご18 ステップ4 テーマ作文を書こう

月《がつ》　日《にち》
名前《なまえ》

作文のテーマを自由《じゆう》に考え、テーマに沿《そ》って作文を書《か》いてみましょう。

テーマ設定《せってい》のヒント
- □最近体験《さいきんたいけん》したことや行事《ぎょうじ》について（↓出来事《できごと》を整理《せいり》してくわしく）
- □自分《じぶん》の好きなことや趣味《しゅみ》について（↓知らない人にもわかるように工夫して）
- □自分《じぶん》の夢《ゆめ》や将来《しょうらい》のことについて（↓イメージをふくらませて）

選《えら》んだテーマ

● 作文を読んだ人に、感想を書いてもらいましょう。

さなえ：「土曜日は，家族で買い物に行ったりレストランでご飯を食べたりするよ」

先生：「そうなのね。もし土曜日にも学校があったらどうなるかな？」

さなえ：「うーん，遠くの公園にも行けなくなるし，家族で過ごす時間が短くなるかな」

先生：「なるほど！　じゃあそのことを，『～だから』という理由として書いてみようか」

さなえ：（反対の意見，理由を書く）

先生：「じゃあ，次はさなえさんとは反対の意見についても考えてみるよ。頭を切り替えてみてね。『土曜日も学校があった方がよい』という意見の人は，どんな理由でそう言っているのかなあ？」

さなえ：「え～，私のことじゃないからわからないよ」

先生：「『自分の意見と反対の意見』にも何か理由がありそうだよ。土曜日に学校があったら何をするのかな？」

さなえ：「前に土曜日に学校に行って，地域の人とおまつりをしたよ」

先生：「なるほど，そういう行事は平日の授業ではできないことかもね。ほかにはどうかな？」

さなえ：「うーん，土曜日に勉強をするとその分勉強がよくできるようになる，とか？」

先生：「そうかもね（笑）。じゃあ，さなえさんが先生の立場になって書いてみる？」

正解のないテーマについて，自分の意見を言ったりその根拠を説明したりすることは一人ではまだ難しいさなえさんですが，先生と一緒に「異なる意見」についても自分の経験や知っていることと関係づけて書くことができそうです。

コラム④ 異なる立場で書く
～それぞれの立場に立って考える～（ワーク70）

さなえさんは「土曜日も学校があった方がよい」について，賛成か，反対か，先生と話をしながら考えています。

先生：「さなえさんは，『土曜日も学校があった方がよい』という意見についてどう思う？」

さなえ：「土曜日は，お休みがいいな」

先生：「ということは，『土曜日も学校があった方がよい』という意見には賛成か反対か，どちらかな？」

さなえ：「えっと……反対かな？」

先生：「反対ね，土曜日には学校はない方がいいということですか？」

さなえ：「そう，だって土曜日は学校に行きたくないもん」

先生：「じゃあ，『反対』のB，ってことね（Bの方にマーカーで色をつける）。どうしてそう思うの？」

さなえ：「どうしてって……。」（答えに困っている様子）

先生：「じゃあ，さなえさんは土曜日にはどんなことをしているのかな？」

さなえ：「友だちの家に遊びに行ったり，友だちと遠くの公園まで遊びに行ったりしているよ」

先生：「ほかにはどう？」

＊「生活の中の漢字」（小１）を書こう／学びのステップ

漢字を「読む」ことに比べて「書く」ことの方が苦手な子がいます。「とめ・はね・はらい」や「左右のバランス」など，どのようなところに注意して書いたらよいのかをあらかじめ意識できるようにして練習します。基本ステップはひらがな同様，「なぞり」→「視写（手本を見て書く）」→「一人で書く」です。「できるところ」から練習しましょう。

ステップ１ は漢数字，ステップ２ は「曜日」です。「とめ」「はね」「はらい」の箇所に注意して，なぞり⇒視写の順で練習しましょう。「とめ」「はね」「はらい」がわかりにくい場合には手を添えて一緒に書いてあげるなどして感覚をつかみ，苦手なものは大きめの漢字をなぞって練習します。ステップ３ ステップ４ は，中心や左右のバランスや違いを意識して書く練習です。最初は枠があるもので，徐々に枠がなくとも書けるようにします。いずれもここに扱っている漢字はごく一部ですので，いろいろな漢字で練習しましょう。

◎小１相当の漢字

ステップ１	ステップ２	ステップ３	ステップ４
漢数字	曜日	まんなかの線	右と左の形
一・二・三・四・五・六・七・八・九・十	月・火・水・木・金・土・日	人・王・車・円・雨・その他	林・村・竹・校・休

いずれも，□なぞり書き ⇒ □視写 ⇒ □一人書きの順で。

国語 19 「生活の中の漢字」（小１）を書こう

☑ 学びのチェックポイント

できているかな？

ステップ1 ワーク 73	漢数字を書こう	●とめ・はね・はらいに注意して，漢数字をなぞって書ける。 ●漢数字の視写ができる。 ●日付を漢数字で書ける。	（　） （　） （　）
ステップ2 ワーク 74	曜日の漢字を書こう	●とめ・はね・はらいに注意して，曜日の漢字をなぞって書ける。 ●とめ・はね・はらいに注意して，曜日の漢字を一人で書ける。 ●その日の曜日を一人で書ける。	（　） （　） （　）
ステップ3 ワーク 75	漢字のバランス① （まんなかの線）	●「まんなかの線」を理解してなぞって書ける。 ●「まんなかの線」を意識して視写ができる。 ●「まんなかの線」を意識して一人で書ける。	（　） （　） （　）
ステップ4 ワーク 76	漢字のバランス② （右と左の形）	●左右が似ている漢字を，左右のバランスに注意して書ける（似ている・似ていないがわかる）。 ●左右のバランスに注意して漢字を書ける。	（　） （　）

73

こくご19　ステップ1

漢数字を書こう

月《がつ》　日《にち》

名前《なまえ》

漢数字《かんすうじ》をなぞって書《か》きましょう。

一（とめ）

二

三

六

八（はらい）

四

七

五

九（まげてはねる）

十（すこしうすく）

漢数字《かんすうじ》を、手本《てほん》を見《み》て書《か》きましょう。

1	2	3	4	5
一	二	三	四	五
↓	↓	↓	↓	↓

6	7	8	9	10
六	七	八	九	十
↓	↓	↓	↓	↓

とめ　はらい　はねる

きょうは　　月《がつ》　　日《にち》です！

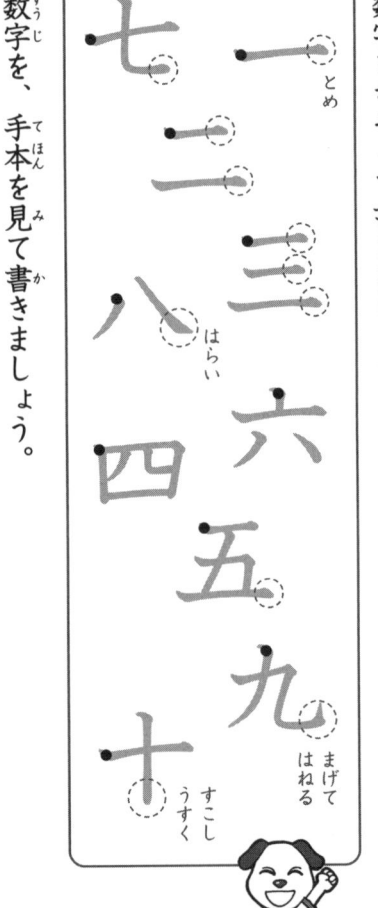

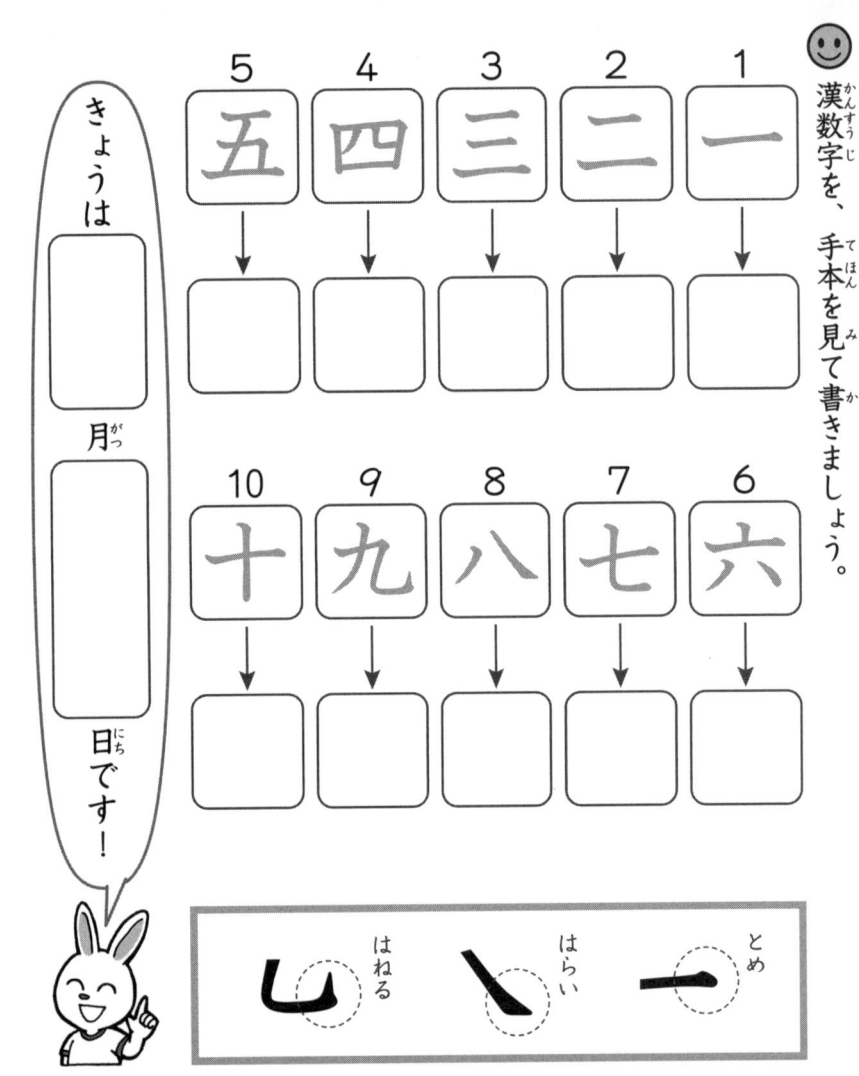

74 こくご19 ステップ2

曜日の漢字を書こう

月《がつ》　日《にち》
名前《なまえ》

曜《よう》日《び》を表《あらわ》す漢字《かんじ》をなぞって書《か》きましょう。

木（はらい・とめる）　火（はらい）
月（はねる）　金
水（はらい・はねる）　土
日

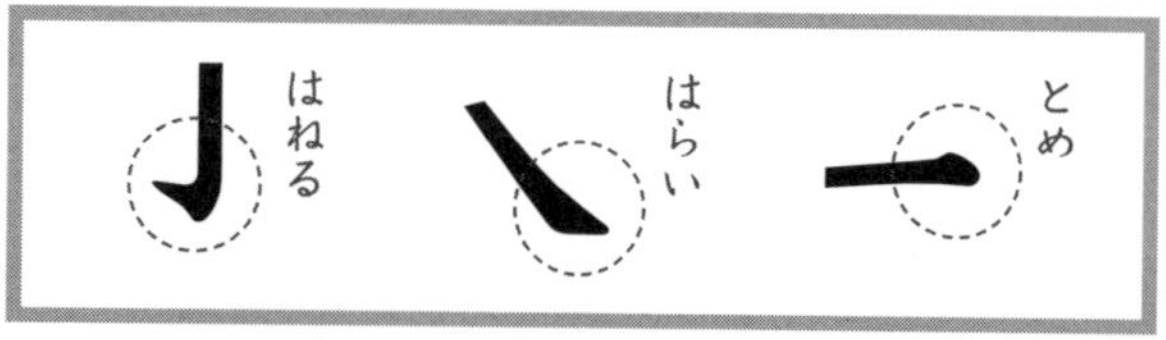

曜《よう》日《び》を表《あらわ》す漢字《かんじ》を書《か》きましょう。

げつ
か
すい
もく

きん
ど
にち

「今日《きょう》は何曜日《なんようび》？」を考えて、「きのう」「あした」「あさって」の曜日《ようび》を漢字《かんじ》で書《か》きましょう。

きのう
きょう
あした
あさって

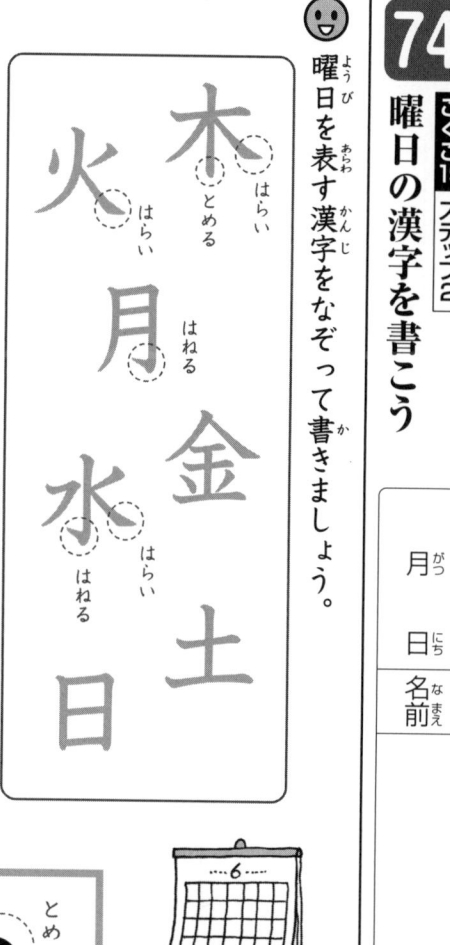

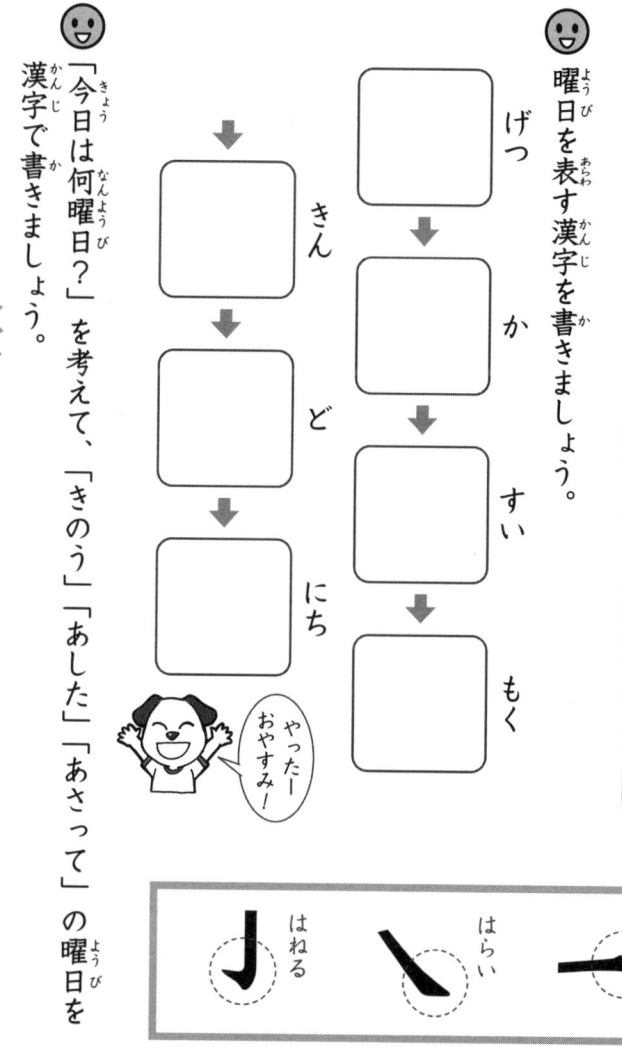

75

こくご19 ステップ3

漢字のバランス①（まんなかの線）

月《がつ》　日《にち》

名前《なまえ》

漢字《かんじ》を書《か》くとき、「まんなかの線《せん》」はどこかな？

「まんなかの線《せん》」に気《き》を付《つ》けて、手本《てほん》を見《み》て書《か》きましょう。

まんなかの線

人（ひと）

はらい

人

人

まんなか

王（おう）

円（えん）

まんなか

車（くるま）

雨（あめ）

「まんなかの線《せん》」に気《き》を付《つ》けて、いろいろな漢字《かんじ》を練習《れんしゅう》してみよう。

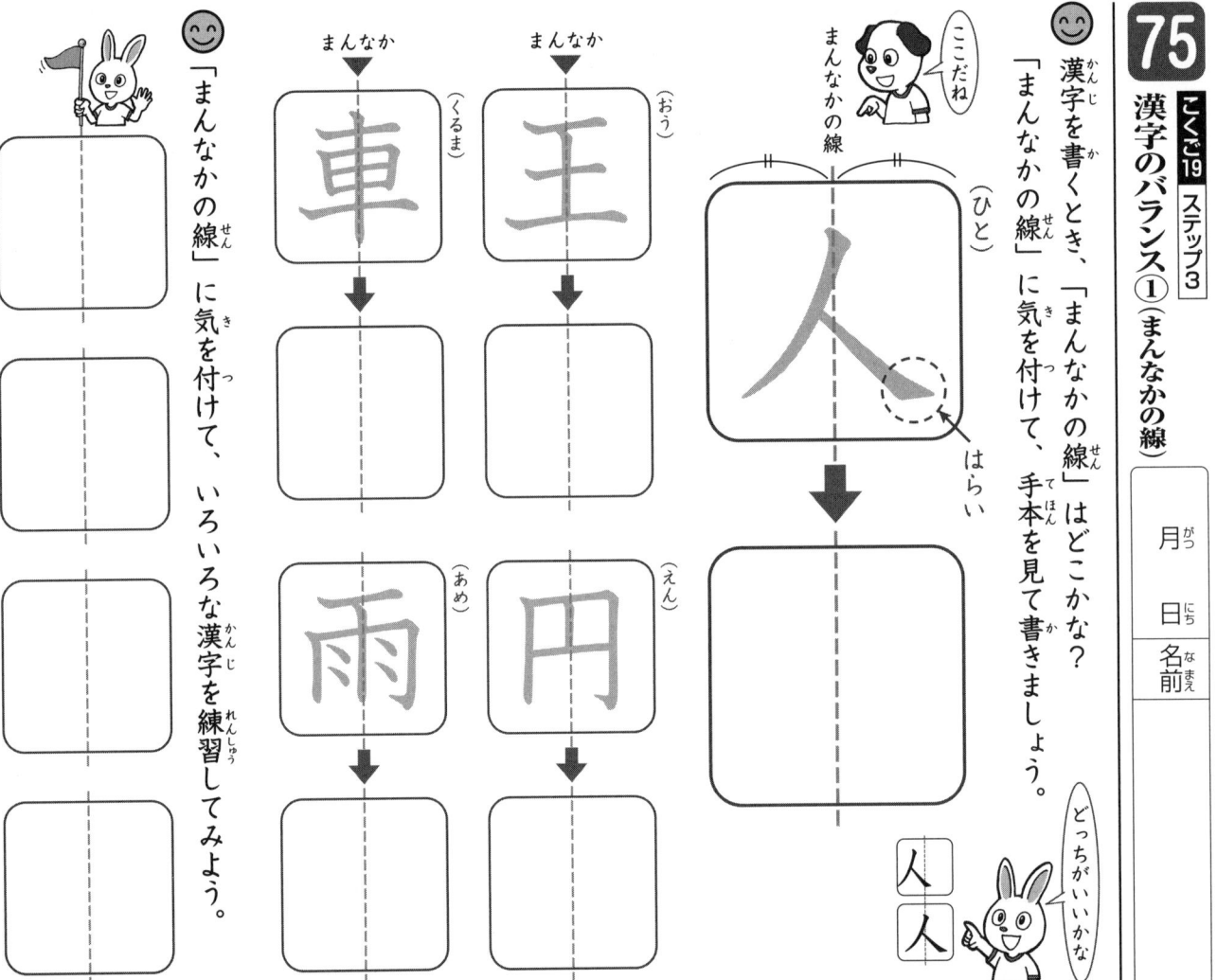

76 こくご19 ステップ4

漢字のバランス②（右と左の形）

月《がつ》　日《にち》
名前《なまえ》

右《みぎ》と左《ひだり》の形《かたち》に気《き》を付《つ》けて、手本《てほん》を見て書《か》きましょう。

バランスは どうかな？

左　右

林（はやし）

はらい

左と右が にているね。

村（むら）　竹（たけ）

にている ↔ ちがう

校（こう）　休（きゅう）

左と右が ちがうね。

「右《みぎ》と左《ひだり》の形《かたち》」に気《き》を付《つ》けて、いろいろな漢字《かんじ》を書《か》いてみよう。

ほかにも…

音　上と下に わかれているね

森　三つに わかれているね

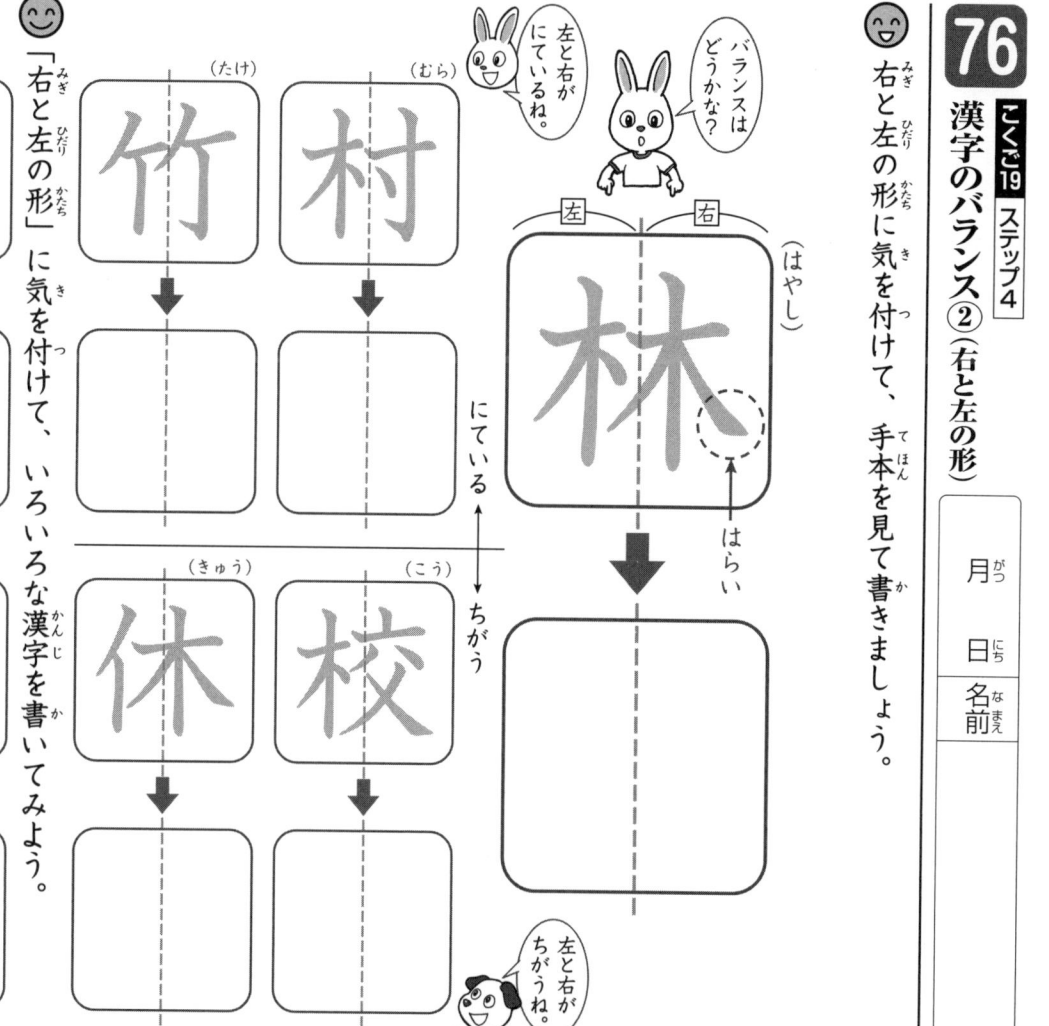

＊「生活の中の漢字」（小２）を書こう／学びのステップ

学校で習う漢字の数が多くなってくると，「読む」「書く」「覚える」が少しずつ負担になってくる子もいるでしょう。また漢字を覚えていても，「知っている漢字を使って書く」ことが苦手な子もいます。部首にも注目して練習しながら少しずつ書ける漢字を増やしていきましょう。一人で書くことが難しい場合は，部分的になぞり書きにしたり，書き始めの点を入れたり，マス目を区切ったり，子どもに合わせて支援しましょう。

ステップ１ は漢字の入った文をなぞって練習し，その後手本を見ながら書いてみます。ステップ２ は「部首」です。「にんべん」「さんずい」「いとへん」「ごんべん」「くにがまえ」「しんにょう」など，よくつかう漢字の部首から練習します。同じ部首の漢字を「なかま」ととらえ，漢字の成り立ちや意味と併せて覚えましょう。ステップ３ は一番身近な漢字である自分の名前について意味や成り立ちを考え，身近な漢字を探して練習します。ステップ４ は，自由に漢字作文を書きます。漢和辞典などで調べ，イラストも描きながら，楽しく練習しましょう。選ぶ漢字やイラストは，教師の側から提示してもよいでしょう。

◎小２相当の漢字

ステップ1	ステップ2	ステップ3	ステップ4
漢字が入った文	部首	漢字の練習	漢字作文
□春よ，来い □楽しい夏休み □読書の秋 □冬の雪国へ行く	□にんべん　□ひへん □いとへん　□さんずい □くにがまえ　□しんにょう □ほかの部首をさがす	□自分の名前／意味や成り立ちを考える □教科書や本から漢字を選んで，練習する	□教科書や本から漢字を選んで読みを調べる □選んだ漢字をつかって漢字作文を書く

国語 20 「生活の中の漢字」（小2）を書こう

☑ 学びのチェックポイント

			できているかな？
ステップ1 ワーク 77	**漢字が入った文を書こう**	●漢字が入った文をなぞって書ける。 ●漢字が入った文を視写できる。	(　　) (　　)
ステップ2 ワーク 78	**部首** （なかまの漢字）	●「にんべん」「ひへん」「いとへん」「さんずい」「くにがまえ」「しんにょう」などの部首がわかる。 ●部首を意識して視写することができる。 ●他の部首をさがして書くことができる。	(　　) (　　) (　　)
ステップ3 ワーク 79	**漢字の練習**	●自分の名前を漢字で書いて，意味や成り立ちを考える（調べる）。 ●教科書などから漢字を選んで，部首やバランスに気を付けて練習する。	(　　) (　　)
ステップ4 ワーク 80	**漢字作文を書こう**	●教科書などから漢字を選んで読み方を調べる。 ●選んだ漢字をつかって漢字作文を書く。	(　　) (　　)

77

こくご18 ステップ1

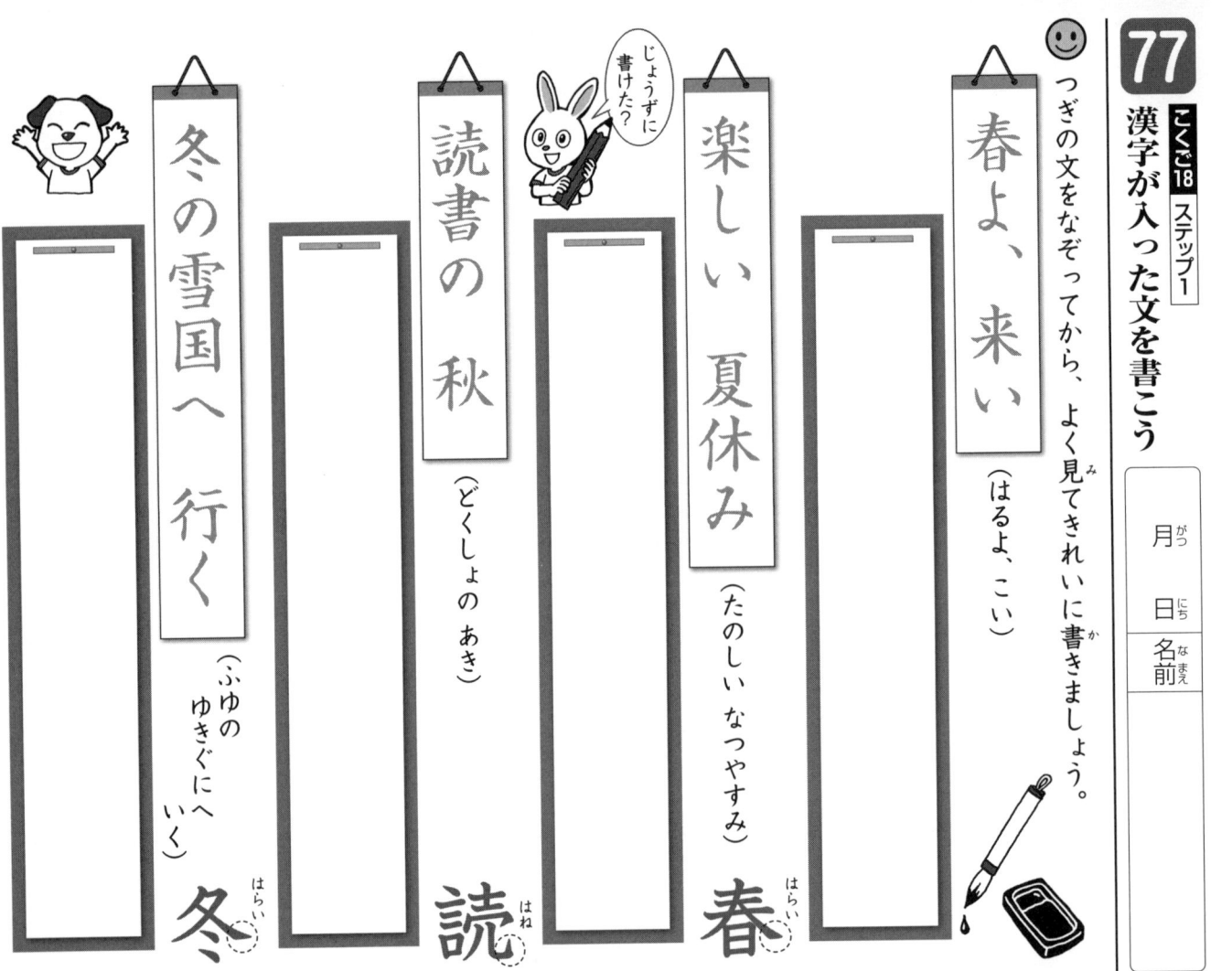

漢字が入った文を書こう

月《がつ》　日《にち》

名前《なまえ》

つぎの文をなぞってから、よく見《み》てきれいに書《か》きましょう。

春よ、来い

（はるよ、こい）

楽しい　夏休み

（たのしい　なつやすみ）

読書の　秋

（どくしょの　あき）

冬の雪国へ　行く

（ふゆの　ゆきぐにへ　いく）

冬　はらい

読　はね

春　はらい

78

こくご18 ステップ2

部首（なかまの漢字）

月《がつ》　日《にち》

名前《なまえ》

つぎの部首《ぶしゅ》をおぼえて、なかまの漢字《かんじ》をさがして書《か》きましょう。

何　作　体

イ

にんべん

人が立っているようす。

明　時　晴　曜

日

ひへん

たいようのかたち。

絵　紙　細　線　組

糸

いとへん

いとのかたち。

池　海　活

氵

さんずい

水がながれるようす。

国　固　図　園

口

くにがまえ

ぐるっとかこむようす。

近　通　道　遠　週

辶

しんにょう

あしという字がもとになっている。

辵

ほかにどんな部首《ぶしゅ》があるかさがしてみよう！

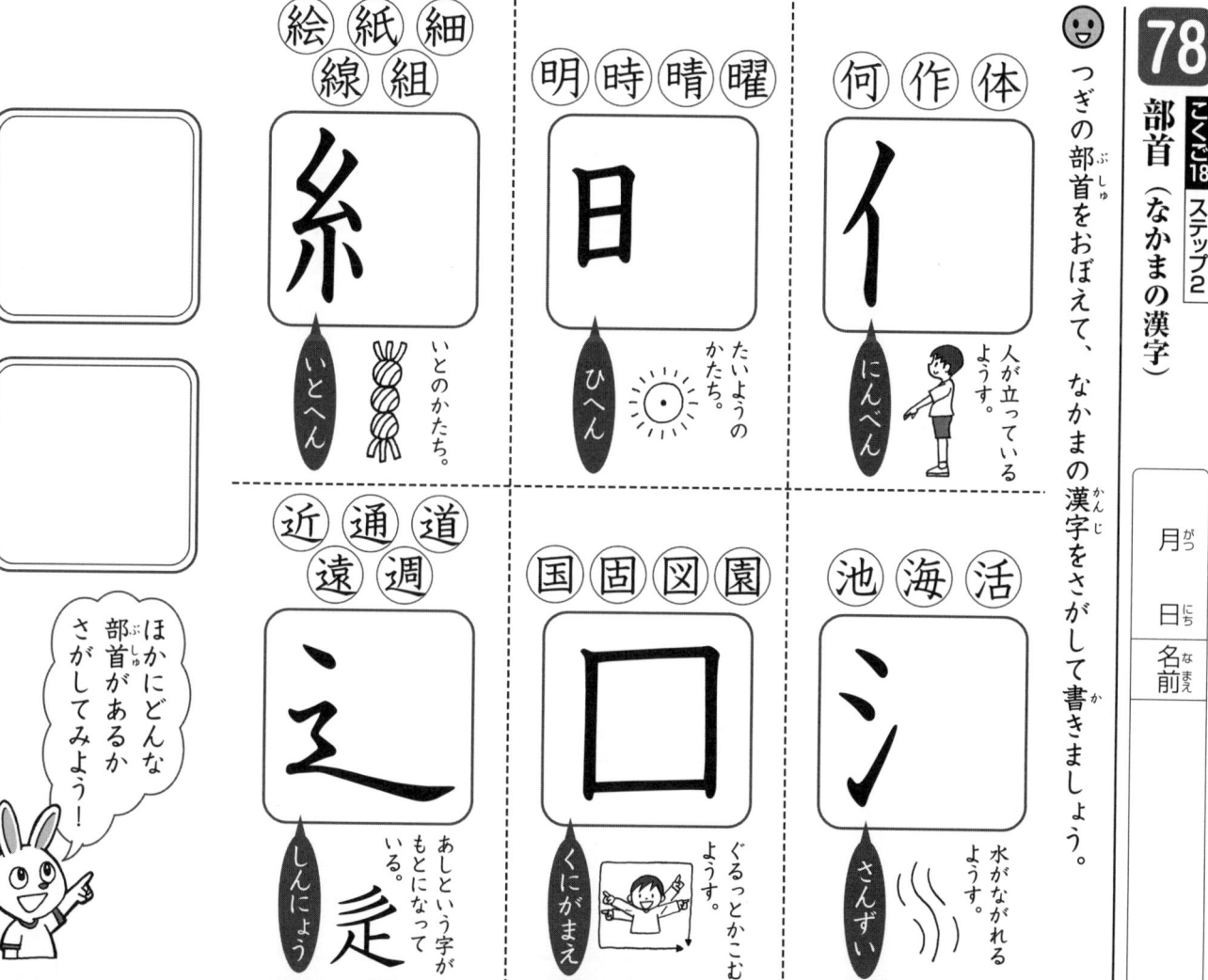

79 こくご18 ステップ3

漢字の練習

月《がつ》　日《にち》

名前《なまえ》

あなたの名前《なまえ》を漢字《かんじ》で書《か》いて、漢字《かんじ》の意味《いみ》や成《な》り立《た》ちを考《かんが》えてみましょう。

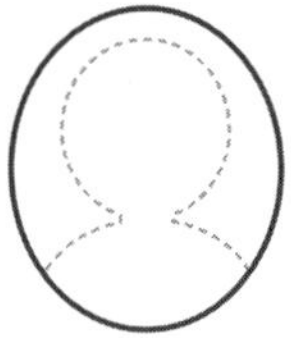

名字《みょうじ》

意味《いみ》や成《な》り立《た》ち

名前《なまえ》

意味《いみ》や成《な》り立《た》ち

教科書《きょうかしょ》や本から漢字《かんじ》を選《えら》んで、練習《れんしゅう》しましょう。

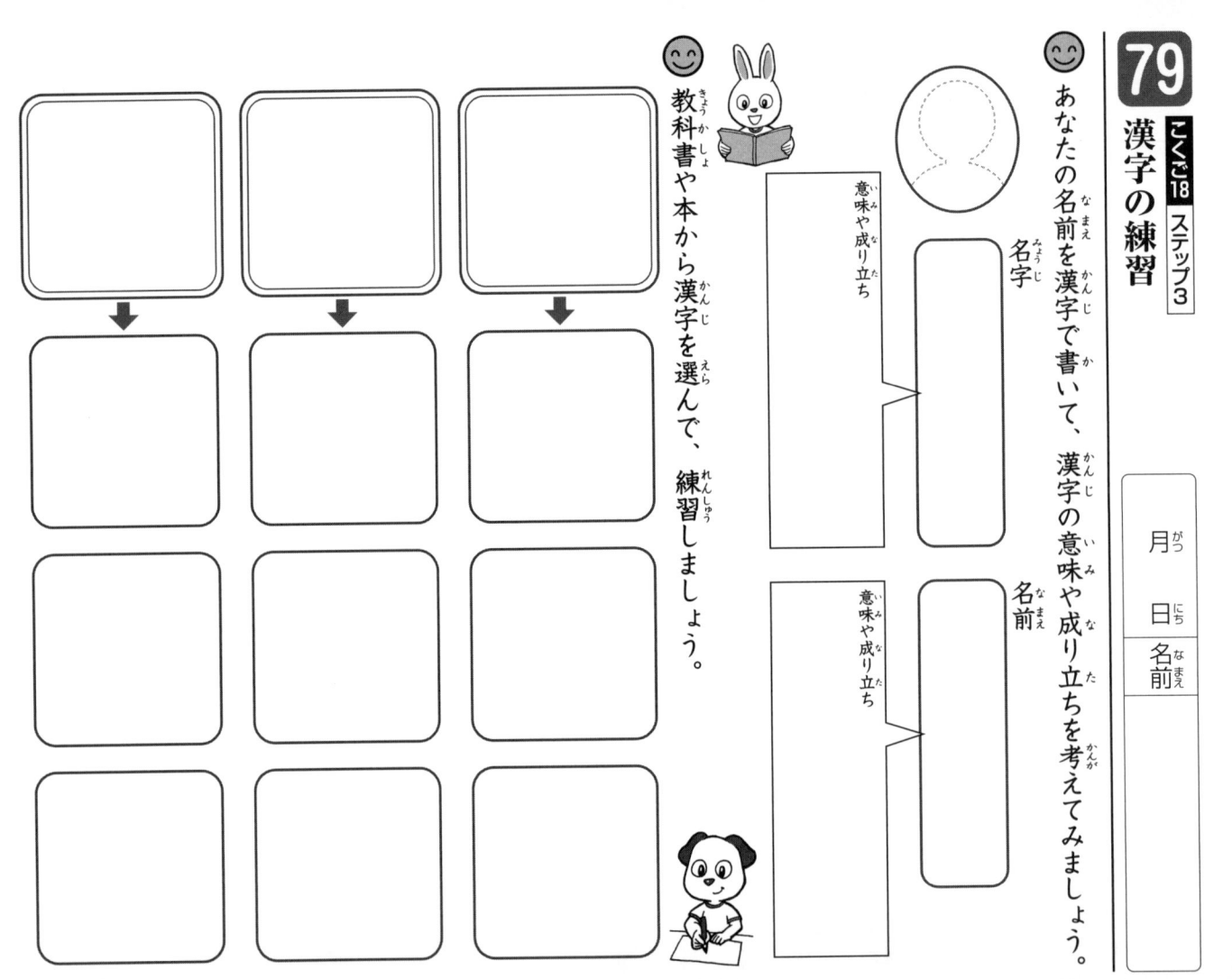

80

こくご18 ステップ4

漢字作文を書こう

月《がつ》　日《にち》

名前《なまえ》

漢字《かんじ》をつかった「漢字《かんじ》作文」を書《か》いてみましょう。

《例》

海

訓《くん》 うみ

音《おん》 カイ

うつくしい海をながめる。

訓《くん》　音《おん》

訓《くん》　音《おん》

訓《くん》　音《おん》

訓《くん》　音《おん》

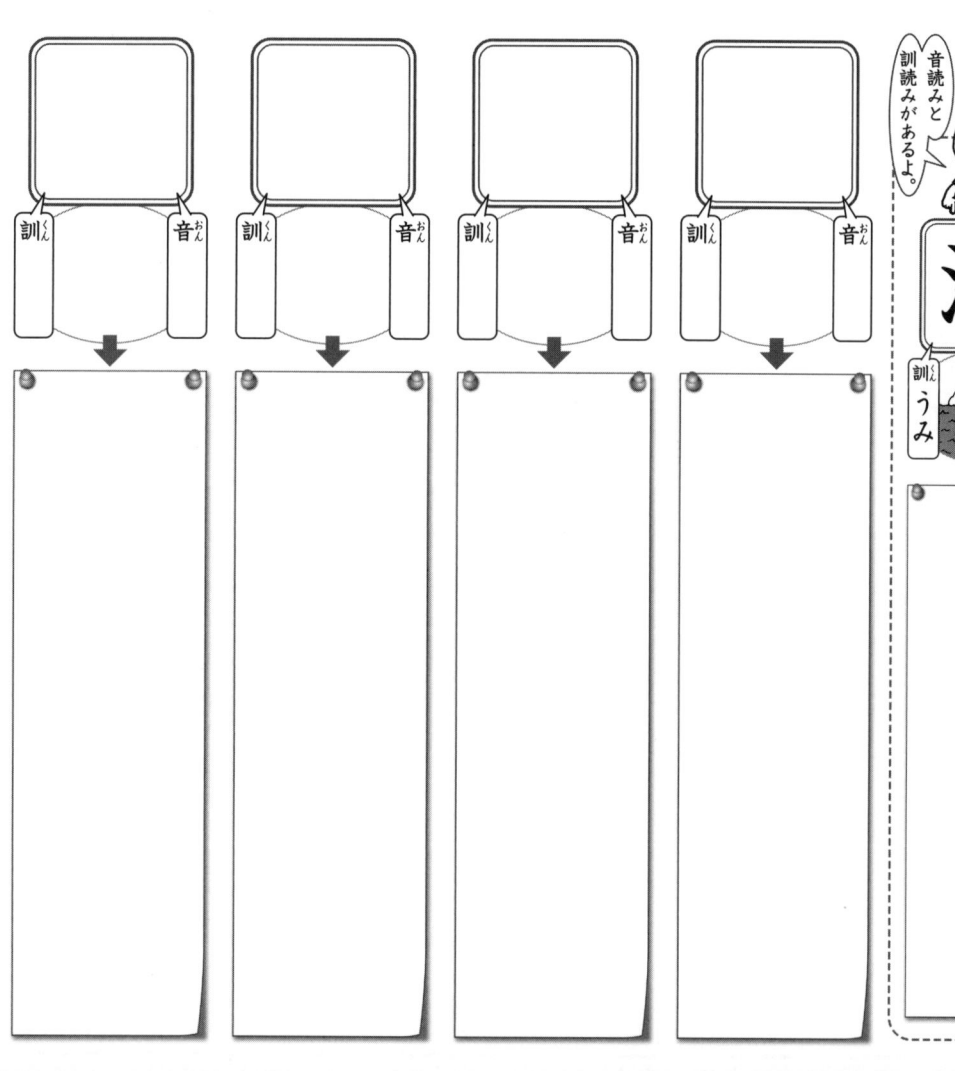

1 こくご1 ステップ1

50音を読もう①（あ～な行）

月《がつ》 日《にち》 名前《なまえ》

よめるかな？ よめたら ○で かこみましょう。

（例）

うた あさ おに いし えき

よめたら まる で かこんでね！

せ そ と な に か あ き い す た ね お う え の ち て さ ぬ く こ つ し け

（△は読めなかったもの）

2 こくご1 ステップ2

50音を読もう②（は～わ行）

月《がつ》 日《にち》 名前《なまえ》

よめるかな？ よめたら ○で かこみましょう。

（例）

へや ひも はり まくら ほたる みかん

よめたら まる で かこんでね！

わ よ は り へ ふ も め ほ れ ひ ら や を ま み ゆ る ろ む

（△は読めなかったもの）

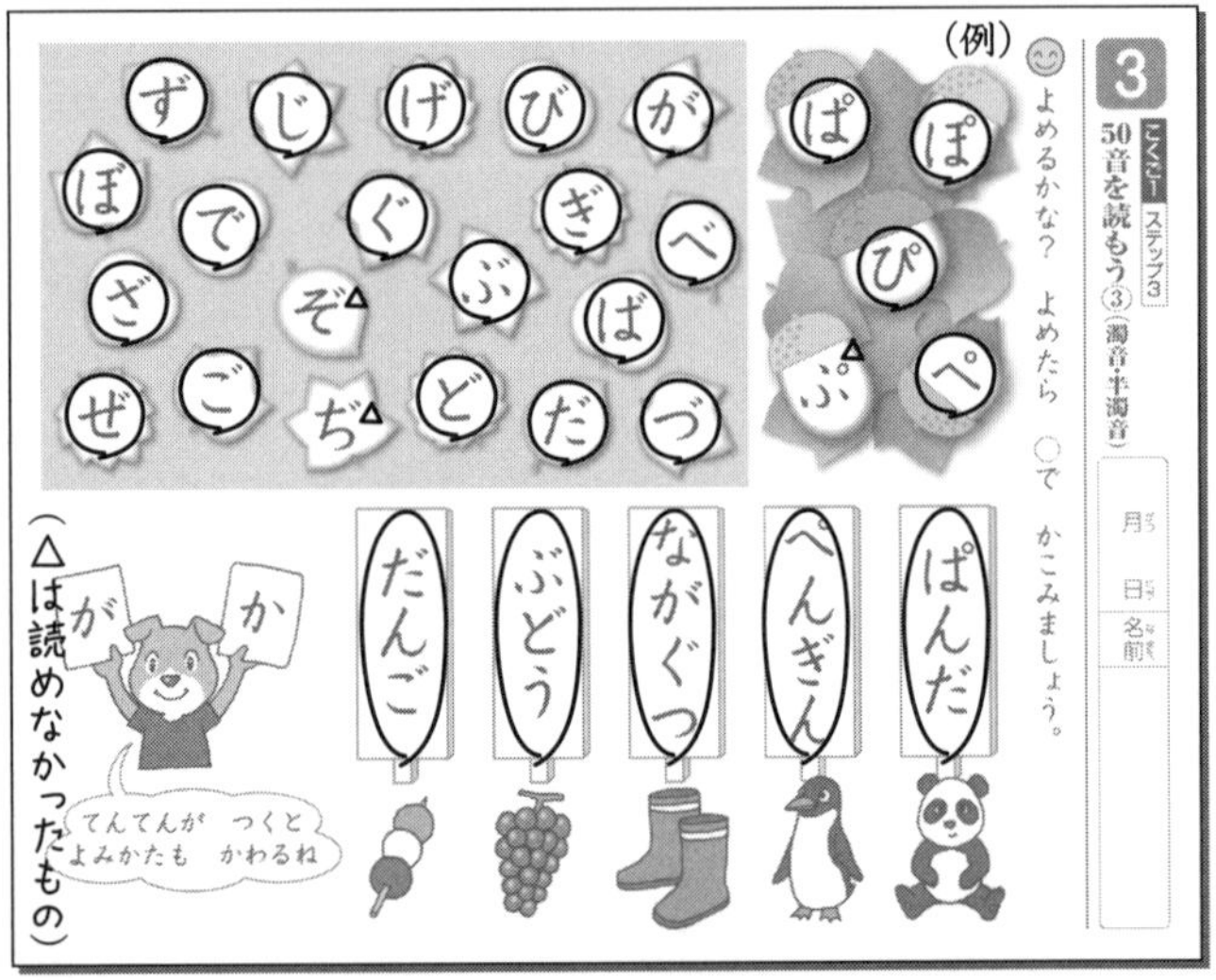

3 こくご1 ステップ3

50音を読もう③（濁音・半濁音）

月《がつ》 日《にち》 名前《なまえ》

よめるかな？ よめたら ○で かこみましょう。

（例）

ぱ ぽ ぴ ぷ ぺ が び げ じ ず ぼ で ぐ ぎ べ ざ ぞ ぶ ば ぜ ご ぢ ど だ づ

ぱんだ ぺんぎん ながぐつ ぶどう だんご

か が

てんてんが つくと よみかたも かわるね

（△は読めなかったもの）

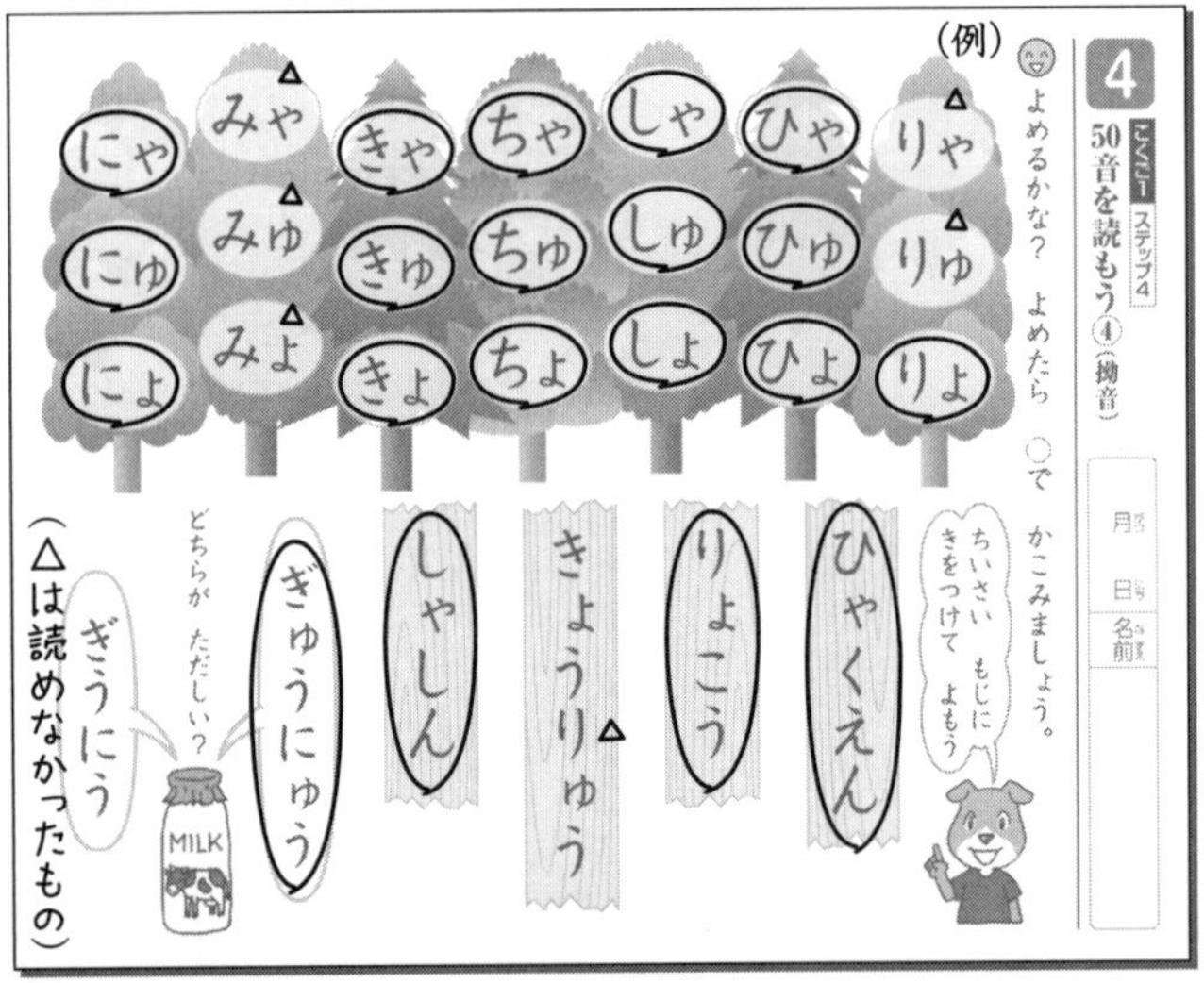

4 こくご1 ステップ4

50音を読もう④（拗音）

月《がつ》 日《にち》 名前《なまえ》

よめるかな？ よめたら ○で かこみましょう。

（例）

にゃ みゃ きゃ ちゃ しゃ ひゃ りゃ

にゅ みゅ きゅ ちゅ しゅ ひゅ りゅ

にょ みょ きょ ちょ しょ ひょ りょ

ちいさい もじに きをつけて よもう

ひゃくえん りょこう きょうりゅう しゃしん ぎゅうにゅう

どちらが ただしい？

ぎうにう

MILK

（△は読めなかったもの）

5 カタカナを読もう①（ア～ナ行）

こくご2 ステップ1

月《がつ》　日《にち》　名前《なまえ》

よめるかな？　よめたら　○で　かこみましょう。

（例）

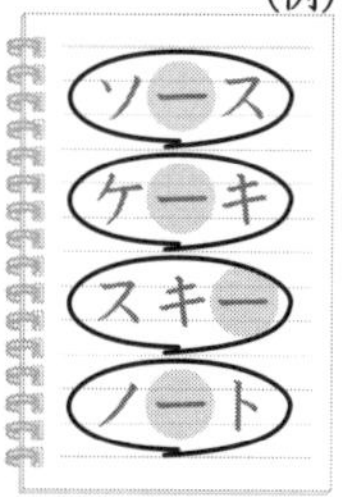

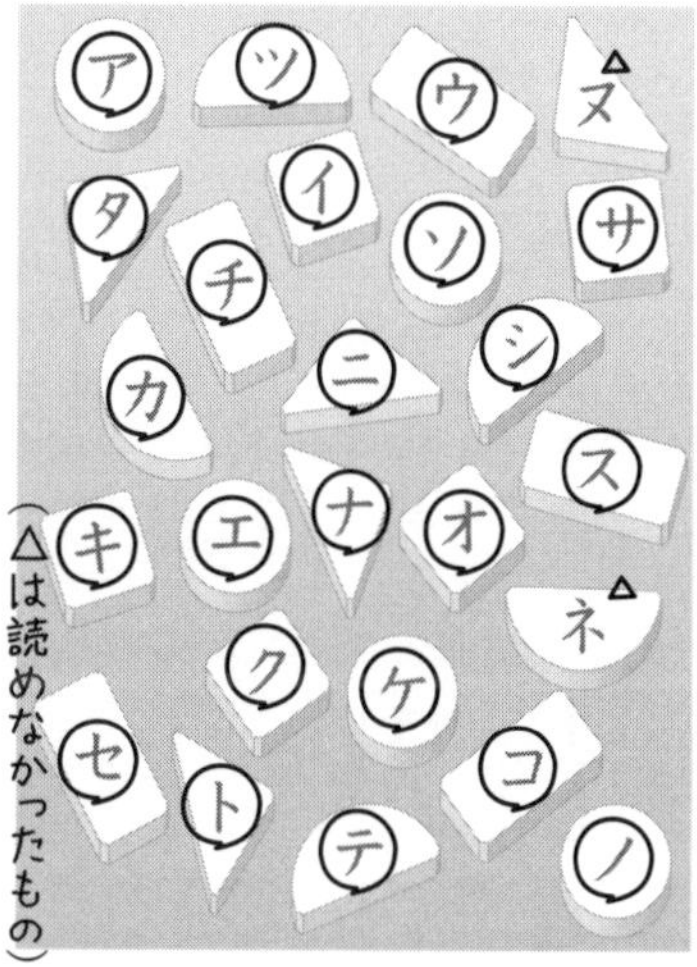

（△は読めなかったもの）

6 カタカナを読もう②（ハ～ワ行）

こくご2 ステップ2

月《がつ》　日《にち》　名前《なまえ》

よめるかな？　よめたら　○で　かこみましょう。

（例）

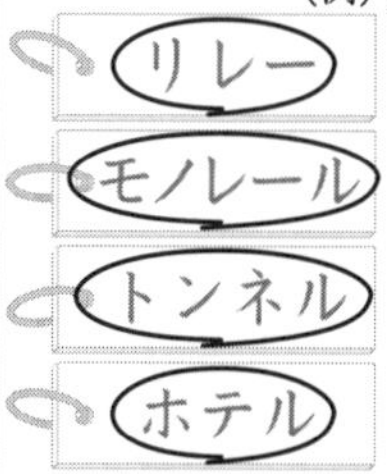

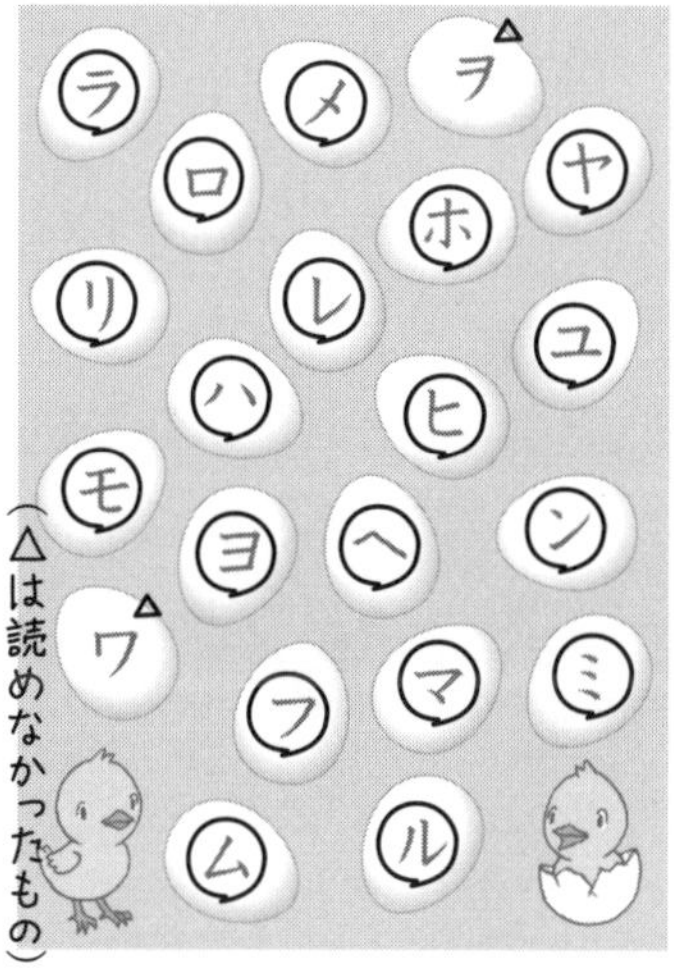

（△は読めなかったもの）

7 カタカナを読もう③（濁音・半濁音）

こくご2 ステップ3

月《がつ》　日《にち》　名前《なまえ》

よめるかな？　よめたら　○で　かこみましょう。

（例）

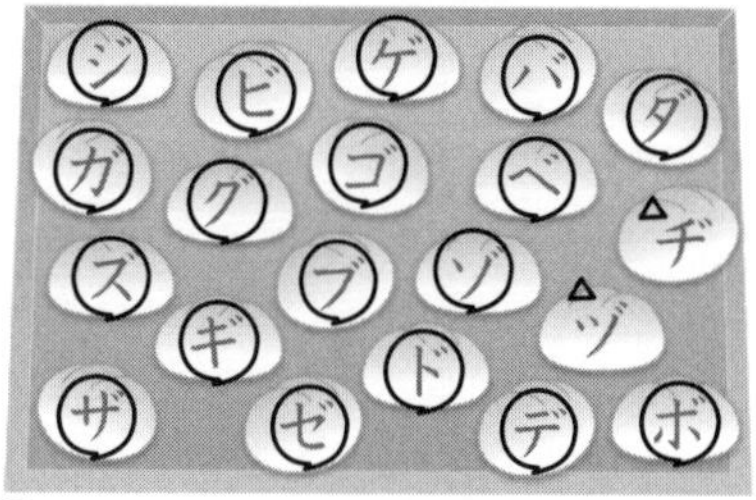

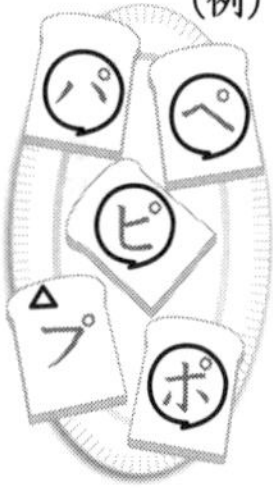

（△は読めなかったもの）

8 カタカナを読もう④（拗音）

こくご2 ステップ4

月《がつ》　日《にち》　名前《なまえ》

よめるかな？　よめたら　○で　かこみましょう。

（例）

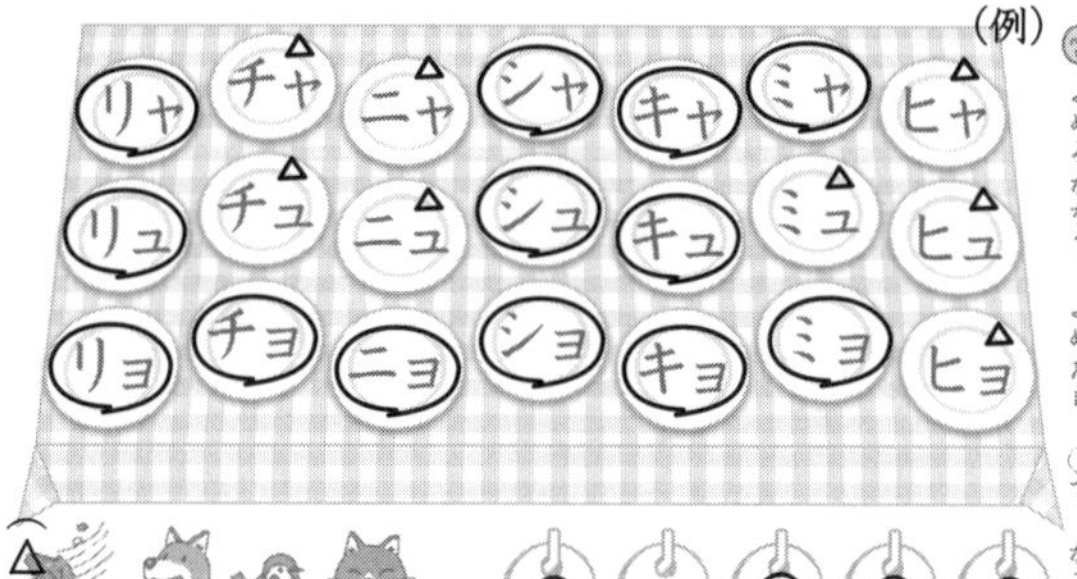

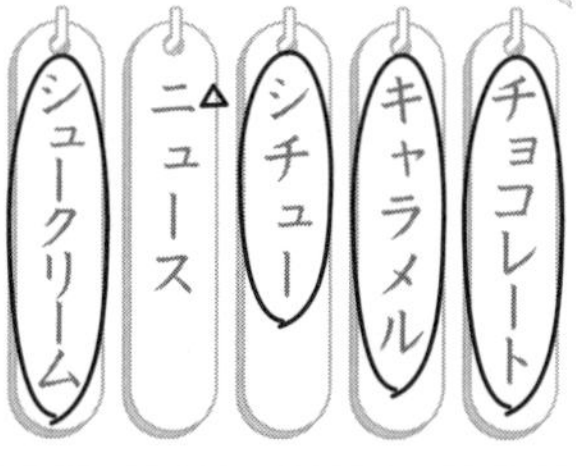

（△は読めなかったもの）

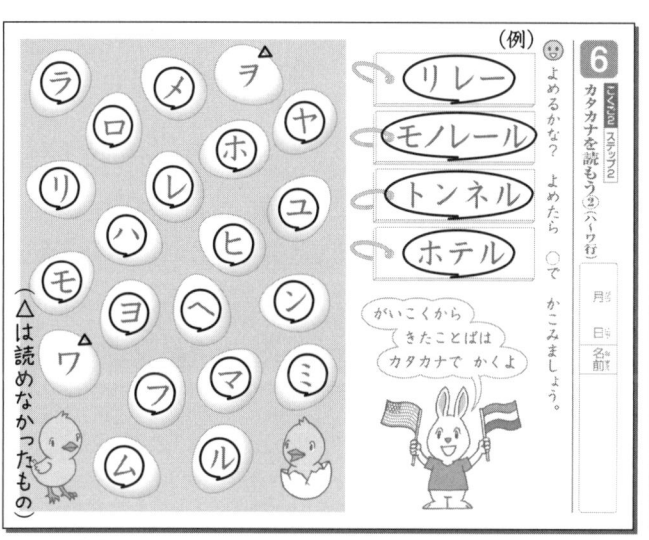

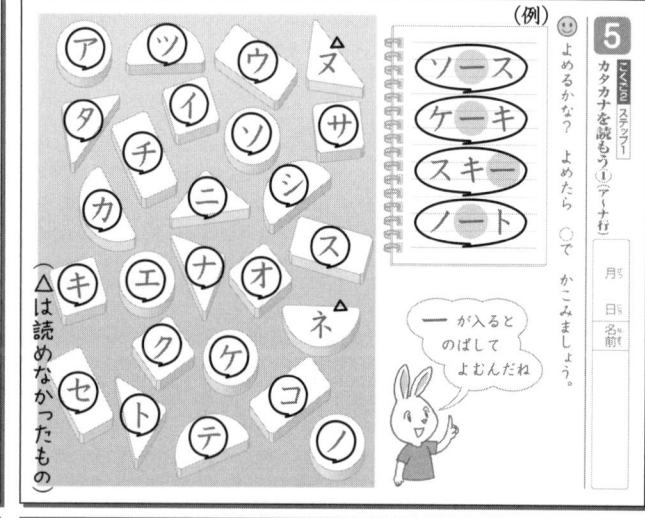

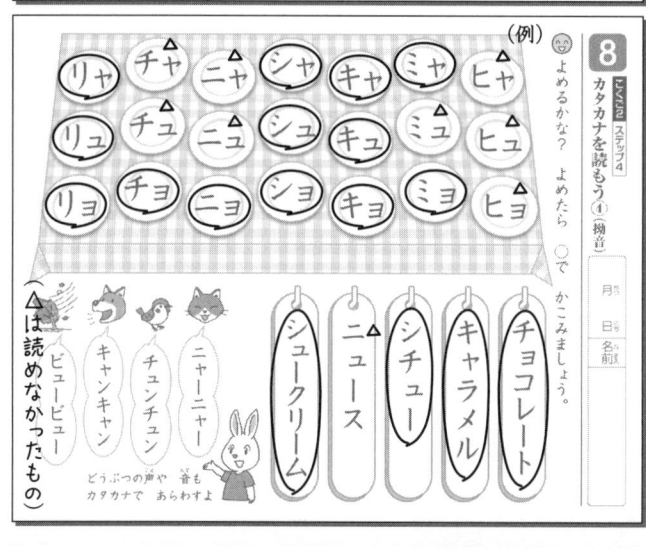

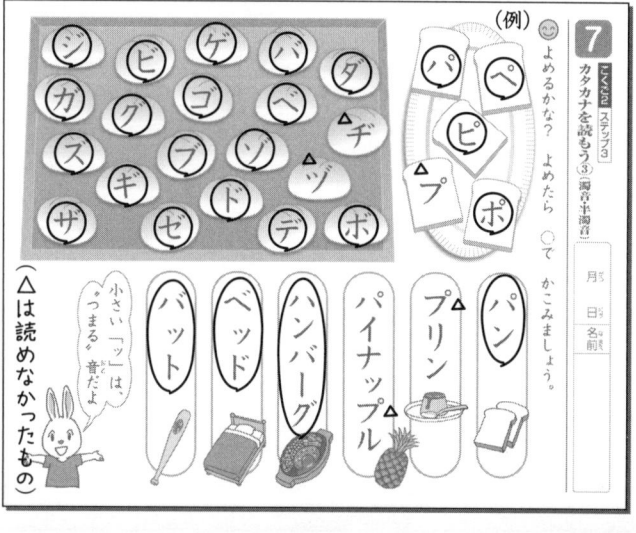

9 こくご3 ステップ1
二語文の音読

文《ぶん》をよんで　まるを　つけましょう。

月《がつ》　日《にち》　名前《なまえ》

はな　が　さく　○

いぬ　が　はしる　○

あかちゃん　は　かわいい　○

りんご　は　くだものです　○

10 こくご3 ステップ2
二語文の読み取り①

文《ぶん》をよんで　しつもんに　こたえましょう。

月《がつ》　日《にち》　名前《なまえ》

ほんを　よむ

● なにを　ほん

● どうする　よむ

ごはんを　たべる

● どうする　たべる

● なにを　ごはん

11 こくご3 ステップ3
二語文の読み取り②

文《ぶん》をよんで　しつもんに　こたえましょう。

月《がつ》　日《にち》　名前《なまえ》

そらは　あおい

● なにが　あおい？　そら

● そらは　なにいろ？　あおい

くもは　しろい

● くもは　なにいろ？　しろい

● なにが　しろい？　くも

12 こくご3 ステップ4
二語文の読み取り③

文《ぶん》をよんで　しつもんに　こたえましょう。

月《がつ》　日《にち》　名前《なまえ》

いもうとが　きました。

● だれが　きた？　いもうと

えきに　いく。

● どこへ　いく？　えき

3じに　いきます。

● なんじに　いく？　3じ

きっぷを　かう。

● きっぷを　どうする？　かう

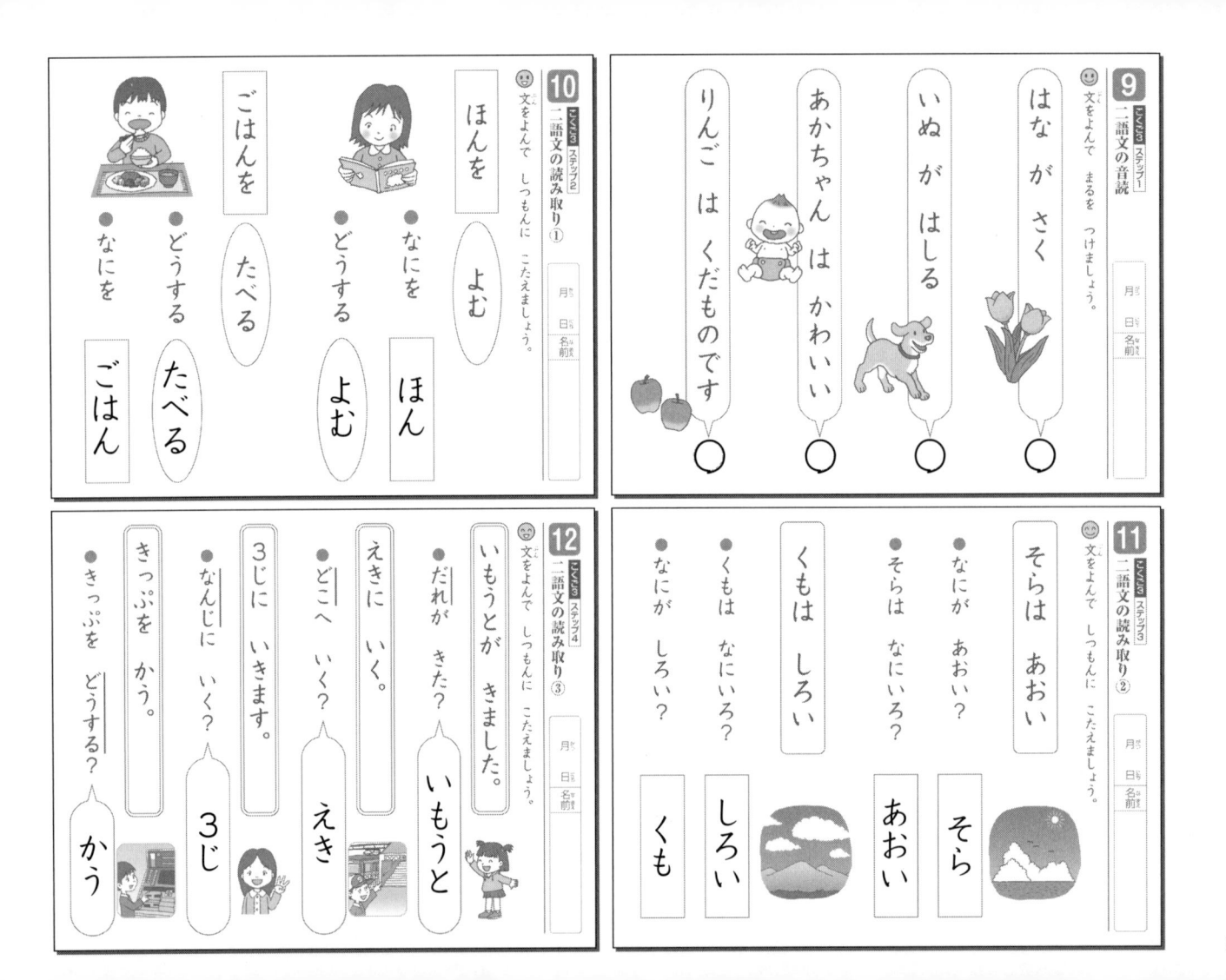

13 三語文の音読

こくご4 ステップ1

月《がつ》　日《にち》　名前《なまえ》

文《ぶん》をよんで　まるを　つけましょう。

おおきな　こえで　よみます。○

ぼくは　いちねんせいに　なりました。○

あたらしい　せんせいが　きました。○

ともだちの　なまえを　おぼえました。○

こくごと　さんすうが　だいすきです。○

えんぴつを　5ほん　けずりました。○

けしごむを　ともだちから　かりました。○

しゅくだいを　ひとりで　がんばります。○

14 三語文の読み取り①

こくご4 ステップ2

月《がつ》　日《にち》　名前《なまえ》

文《ぶん》をよんで　しつもんに　こたえましょう。

せんせいが　じてんしゃに　のっています。

おにいさんが　おふろに　はいります。

●だれが？　せんせい

●なにに？　じてんしゃ

●どうしている？　のっている

●だれが？　おにいさん

●なにに？　おふろ

●どうする？　はいる

15 三語文の読み取り②

こくご4 ステップ3

月《がつ》　日《にち》　名前《なまえ》

文《ぶん》をよんで　しつもんに　こたえましょう。

はが　いたいので　ないた。

●どうして　ないたの？

はがいたいから

おかあさんに　しかられたので　ないた。

●どうして　ないたの？

おかあさんにしかられたから

ともだちに　あえたから　うれしい。

●どうして　うれしいの？

ともだちにあえたから

えんそくに　いくから　うれしい。

●どうして　うれしいの？

えんそくにいくから

16 三語文の読み取り③

こくご2 ステップ4

月《がつ》　日《にち》　名前《なまえ》

文《ぶん》をよんで　しつもんに　こたえましょう。

えきで　きっぷを　なくした。

●どうした　なくした

●なにを　きっぷ

●どこで　えき

おかあさんが　にんじんを　かった。

●なにを　にんじん

●だれが　おかあさん

●どうした　かった

にちようびに　えいがを　みた。

●なにを　えいが

●どうした　みた

●いつ　にちようび

17 こくご5 ステップ1
一文の音読

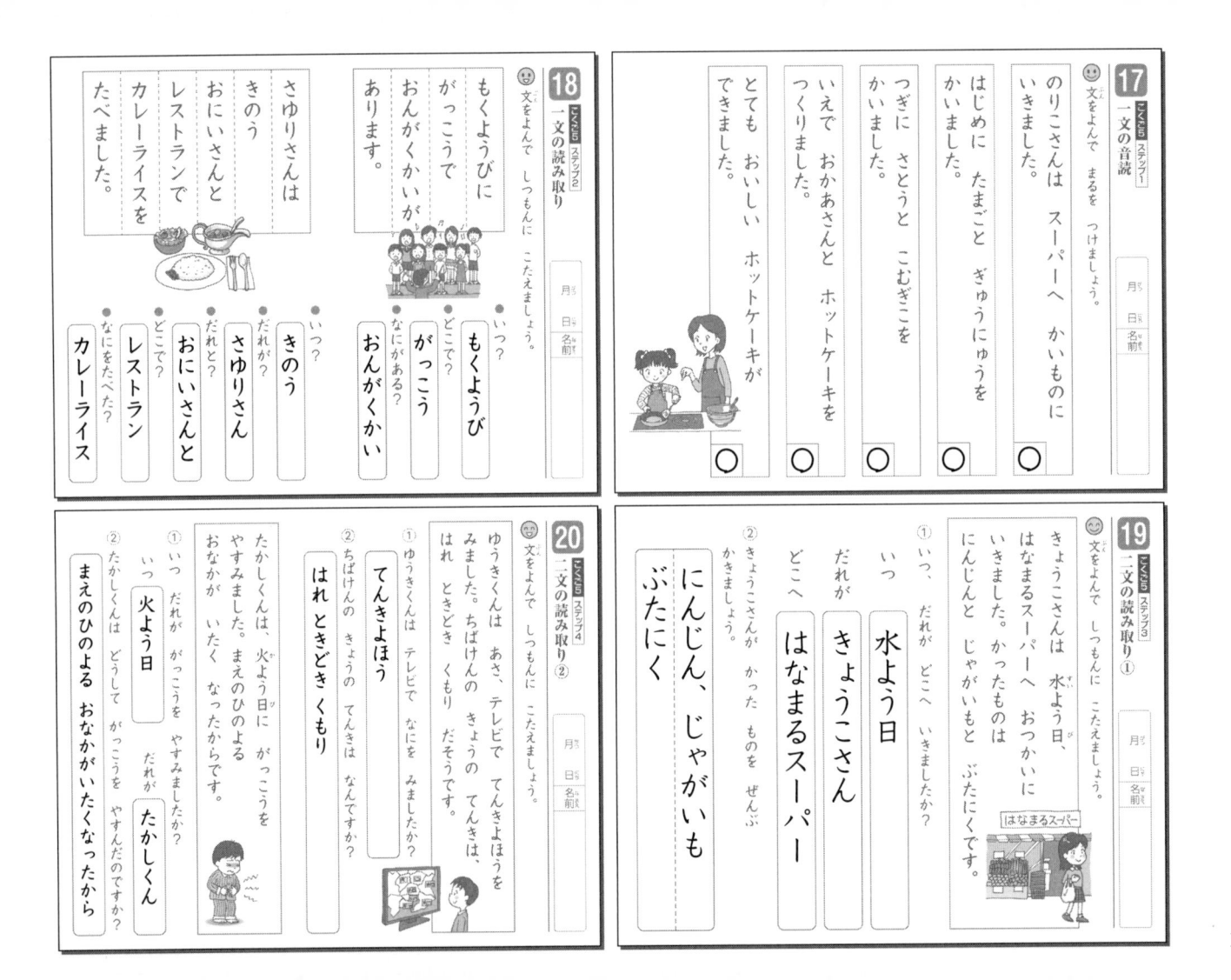

文《ぶん》をよんで まるを つけましょう。

月《がつ》　日《にち》　名前《なまえ》

のりこさんは スーパーへ かいものに いきました。 ○

はじめに たまごと ぎゅうにゅうを かいました。 ○

つぎに さとうと こむぎこを かいました。 ○

いえで おかあさんと ホットケーキを つくりました。 ○

とても おいしい ホットケーキが できました。 ○

18 こくご5 ステップ2
一文の読み取り

文《ぶん》をよんで しつもんに こたえましょう。

月《がつ》　日《にち》　名前《なまえ》

もくようびに がっこうで おんがくかいが あります。

● いつ？ もくようび

● どこで？ がっこう

● なにがある？ おんがくかい

さゆりさんは きのう おにいさんと レストランで カレーライスを たべました。

● いつ？ きのう

● だれが？ さゆりさん

● だれと？ おにいさんと

● どこで？ レストラン

● なにをたべた？ カレーライス

19 こくご5 ステップ3
二文の読み取り①

文《ぶん》をよんで しつもんに こたえましょう。

月《がつ》　日《にち》　名前《なまえ》

きょうこさんは 水《すい》よう日《び》、はなまるスーパーへ おつかいに いきました。かったものは にんじんと じゃがいもと ぶたにくです。

① いつ、 だれが どこへ いきましたか？

いつ　水よう日

だれが　きょうこさん

どこへ　はなまるスーパー

② きょうこさんが かった ものを ぜんぶ かきましょう。

にんじん、じゃがいも

ぶたにく

20 こくご5 ステップ4
二文の読み取り②

文《ぶん》をよんで しつもんに こたえましょう。

月《がつ》　日《にち》　名前《なまえ》

ゆうきくんは あさ、テレビで てんきよほうを みました。ちばけんの きょうの てんきは、はれ ときどき くもり だそうです。

① ゆうきくんは テレビで なにを みましたか？

てんきよほう

② ちばけんの きょうの てんきは なんですか？

はれ ときどき くもり

たかしくんは、火《か》よう日《び》に がっこうを やすみました。まえのひのよる おなかが いたく なったからです。

① いつ だれが がっこうを やすみましたか？

いつ　火よう日

だれが　たかしくん

② たかしくんは どうして がっこうを やすんだのですか？

まえのひのよる おなかがいたくなったから

21 こくご6 ステップ1
「時間割《じかんわ》り表《ひょう》」を読《よ》もう

月《がつ》　日《にち》　名前《なまえ》

時間《じかん》わり表《ひょう》をよく見《み》て　もんだいに答《こた》えましょう。

さくらんぼ小学校 3年2組
時間《じかん》わり

	月	火	水	木	金
1	国語《こくご》	道《どう》とく	体育《たいいく》	社会《しゃかい》	国語《こくご》
2	理科《りか》	国語《こくご》	理科《りか》	体育《たいいく》	音楽《おんがく》
3	社会《しゃかい》	図工《ずこう》	算数《さんすう》	国語《こくご》	算数《さんすう》
4	音楽《おんがく》	図工《ずこう》	国語《こくご》	算数《さんすう》	図工《ずこう》
きゅうしょく					
5	算数《さんすう》	学級《がっきゅう》活動《かつどう》	／	書写《しょしゃ》	体育《たいいく》
6	英語《えいご》	／	／	道《どう》とく	／

何年何組《なんねんなんくみ》の時間《じかん》わりですか？
③年②組

6時間目《じかんめ》まであるのは何《なん》よう日？〇でかこみましょう。
（月）・火・水・（木）・金

学級活動《がっきゅうかつどう》は、
（火）よう日の（5）時間目《じかんめ》

水よう日の2時間目《じかんめ》は何ですか？
理科

体育《たいいく》があるのは何よう日？〇でかこみましょう。
月・火・（水）・（木）・（金）

書写《しょしゃ》は、
（木）よう日の（5）時間目《じかんめ》

22 こくご6 ステップ2
「給食《きゅうしょく》のメニュー」を読《よ》もう

月《がつ》　日《にち》　名前《なまえ》

こんだて表《ひょう》をよく見《み》て　もんだいに答《こた》えましょう。

花まる小学校　10月のこんだて表《ひょう》

1日(火)	2日(水)	3日(木)	4日(金)
くりごはん たまごやき かぼちゃのサラダ にんじんスープ なし ぎゅうにゅう	ジャムパン からあげ おひたし たまごスープ ヨーグルト ぎゅうにゅう	カレーライス にんじんサラダ みかんゼリー ぎゅうにゅう	ごはん なっとう さけフライ みそしる りんご オレンジジュース

10月2日のこんだてを書《か》きましょう。

- ジャムパン
- からあげ
- おひたし
- たまごスープ
- ヨーグルト
- ぎゅうにゅう

カレーライスが出る日は何日《なんにち》、何《なん》よう日？
10月 ③日 木 よう日

オレンジジュースが出る日は何日《なんにち》、何《なん》よう日？
10月 ④日 金 よう日

あなたが　いちばんすきなのは、いつのこんだて　ですか？
1日・2日・（3日）・4日

23 こくご6 ステップ3
「黒板《こくばん》のれんらく」を読《よ》もう

月《がつ》　日《にち》　名前《なまえ》

黒板《こくばん》をよく見《み》て　もんだいに答《こた》えましょう。

4月9日(月)　日直　林　さなえ　田中たろう

明日《あす》のよてい

●音楽会《おんがくかい》があります。
9時《じ》になったら、リコーダーをもって、体育館《たいいくかん》へ行きます。

●身体《しんたい》そくていがあります（3、4時間目《じかんめ》）。
2時間目《じかんめ》がおわったら、体《たい》そうふくに着《き》がえて、ならんで保《ほ》けん室《しつ》へ行きます。

●もちもの
リコーダー
体《たい》そうふく
マスク

○わすれものに　ちゅうい！

●明日《あす》は何と何がありますか。
音楽会
身体そくてい

●9時《じ》になったらどうしますか。
リコーダーをもって、体育館へ行きます。

●2時間目《じかんめ》がおわったらどうしますか。
体そうふくに着がえて、ならんで保けん室へ行きます。

24 こくご6 ステップ4
「お知《し》らせ文《ぶん》」を読《よ》もう

月《がつ》　日《にち》　名前《なまえ》

つぎの「お知《し》らせ」をよんで　もんだいに答《こた》えましょう。

3年2組《くみ》
ハロウィンパーティーのお知《し》らせ

クラスみんなで楽《たの》しいパーティーをしましょう。

■日時《にちじ》：10月30日(木)　5時間《じかん》目
■場所《ばしょ》：音楽室《おんがくしつ》
昼休《ひるやす》みにかざりつけをするので、みんな音楽室《おんがくしつ》に集《あつ》まってください。
■プログラム
①はじめのことば　（たかはし君）
②かそう大会
③ゲーム大会　（まちがいさがし・くじびき）
④先生のお話
⑤おわりのことば　（あおい君）

パーティーは　いつ　ありますか
10月30日(木)　5時間目

パーティーは　どこで　ありますか
音楽室

3年2組《くみ》のみんなは、いつ、どこへ　集《あつ》まったらいいですか
昼休みに音楽室に集まる

パーティーでは　どんなことをするのでしょうか
かそう大会
ゲーム大会
(先生のお話)

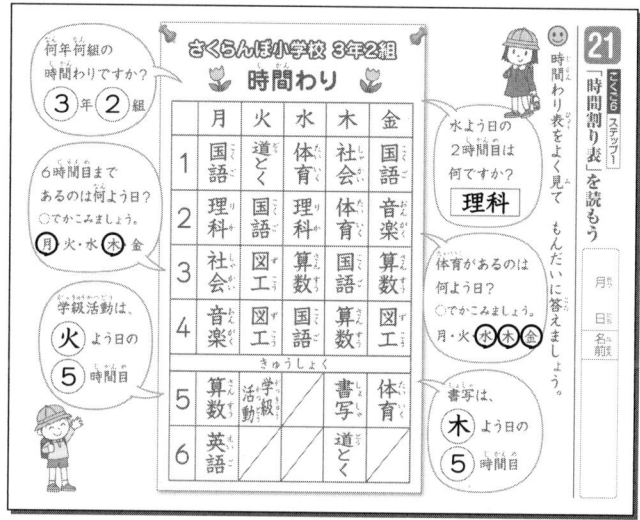

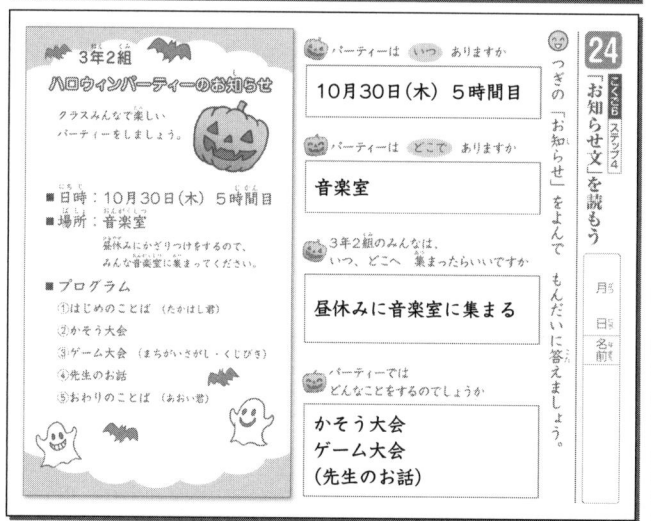

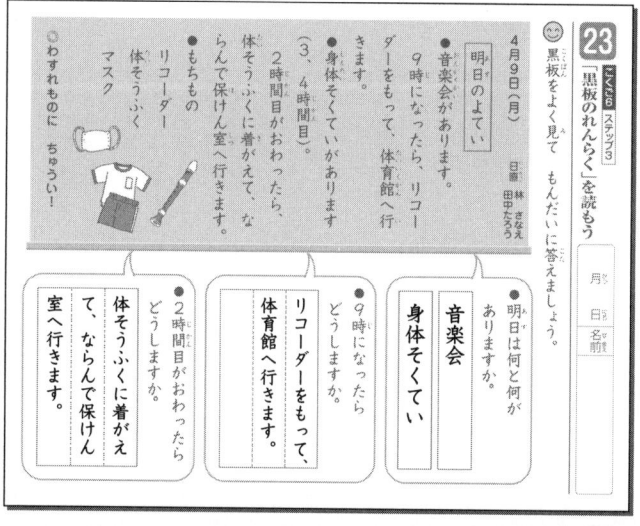

25 こくご7 ステップ1 「日記《にっき》」を読もう

月《がつ》　日《にち》　名前《なまえ》

ゆうきくんの日記《にっき》をよんで　もんだいに答《こた》えましょう。

7月5日　火よう日

ゆうがた、雨がふって、かみなりがなりました。おにが、空をビリビリ、バリバリとやぶいたような音がしました。でんきがきえて、テレビもきえてしまったので、ぼくはなきたくなりました。

雨がやんだら、空があかるくなりました。にわのかたつむりが、にこにこわらっているように見えました。

① いつの日記《にっき》ですか。

7月5日　火よう日

② かみなりは　どんな音がしましたか。

おにが空をビリビリバリバリとやぶいたような音

③ ぼくがなきたくなったのはどうしてですか。

でんきがきえて、テレビもきえてしまったから

④ 雨がやんだらどうなりましたか。

空があかるくなりました。

26 こくご7 ステップ2 「しょうかい文」を読もう

月《がつ》　日《にち》　名前《なまえ》

りんたろうくんは、かっている犬のしょうかい文を書《か》きました。
下のしょうかいカードを作りましょう。

これはぼくの犬です。名前《なまえ》はサラといいます。まだ1さいになったばかりです。サラはジャックラッセルテリアというしゅるいで、とても足がはやくて元気な犬です。サラの好《す》きな食《た》べものはドッグフードとりんご、好《す》きなことはかたいものをかんであそぶことです。サラのきらいなものは、長《なが》い間《あいだ》るすばんをすることです。

ペットしょうかい

名前《なまえ》	サラ
年れい	1さい
犬のしゅるい	ジャックラッセルテリア
好《す》きなたべもの	ドッグフード、りんご
好《す》きなこと	かたいものをかんであそぶ
きらいなこと	長い間るすばんすること

27 こくご7 ステップ3 「作文」を読もう①

月《がつ》　日《にち》　名前《なまえ》

ゆりさんが書《か》いた作文をよんで　もんだいに答《こた》えましょう。

わたしは、おり紙《がみ》がすきです。とくにメダルをおることが好《す》きです。できあがったメダルは、一年生やお友だちにプレゼントしています。

一年生にはメダルのおり方《かた》を教《おし》えてあげることもあります。おたん生日にさゆちゃんに作ってあげたら、とてもよろこんでくれました。さゆちゃんがうれしそうだと、わたしもうれしくなります。

こんどは「こま」のおり方《かた》をおぼえたいと思《おも》っています。

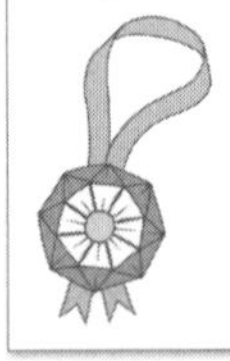

① ゆりさんが好《す》きなことはなんですか。

おり紙

② ゆりさんは、できあがったメダルをどうしていますか。

一年生やお友だちにプレゼントしています。

③ おたん生日にメダルをもらったさゆちゃんは、どんなようすでしたか。

とてもよろこんでいた。

④ ゆりさんがこれからおぼえたいと思《おも》っていることを書《か》きましょう。

「こま」のおり方

28 こくご7 ステップ4 「作文」を読もう②

月《がつ》　日《にち》　名前《なまえ》

「ぼく」が書《か》いた文しょうをよんで　もんだいに答《こた》えましょう。

先週《せんしゅう》の金曜日《きんようび》にぼくたちのクラスで席《せき》がえをした。ぼくは目《め》がわるいので、一番《いちばん》まどがわの、前《まえ》から二番目《にばんめ》の席《せき》になった。ぼくの前《まえ》の席《せき》はまきちゃんで、ぼくの後《うし》ろの席《せき》はこうたろうくん。ぼくの右《みぎ》どなりは、クラス委員《いいん》の田中《たなか》くんだ。田中《たなか》くんの後《うし》ろの席《せき》は、大阪《おおさか》から転校《てんこう》してきたばかりの青木《あおき》さん、青木《あおき》さんの右《みぎ》どなりがはるきくんで、その前《まえ》がもえちゃんだ。たのしい席《せき》になったので、学校へ行《い》くのが楽《たの》しみだ。

① 席《せき》がえがあったのは　いつですか。

先週の金曜日

② 「ぼく」の席《せき》に◎をつけて、座席表《ざせきひょう》に名前をかきましょう。

先生
前《まえ》
まど
まど
まど
まど
まきちゃん
◎
田中くん
もえちゃん
こうたろうくん
青木さん
はるきくん
後《うし》ろ
ぼくの席に
◎をつけてね

29 こくご8 ステップ1 気持ちをあらわすことば

月《がつ》　日《にち》　名前《なまえ》

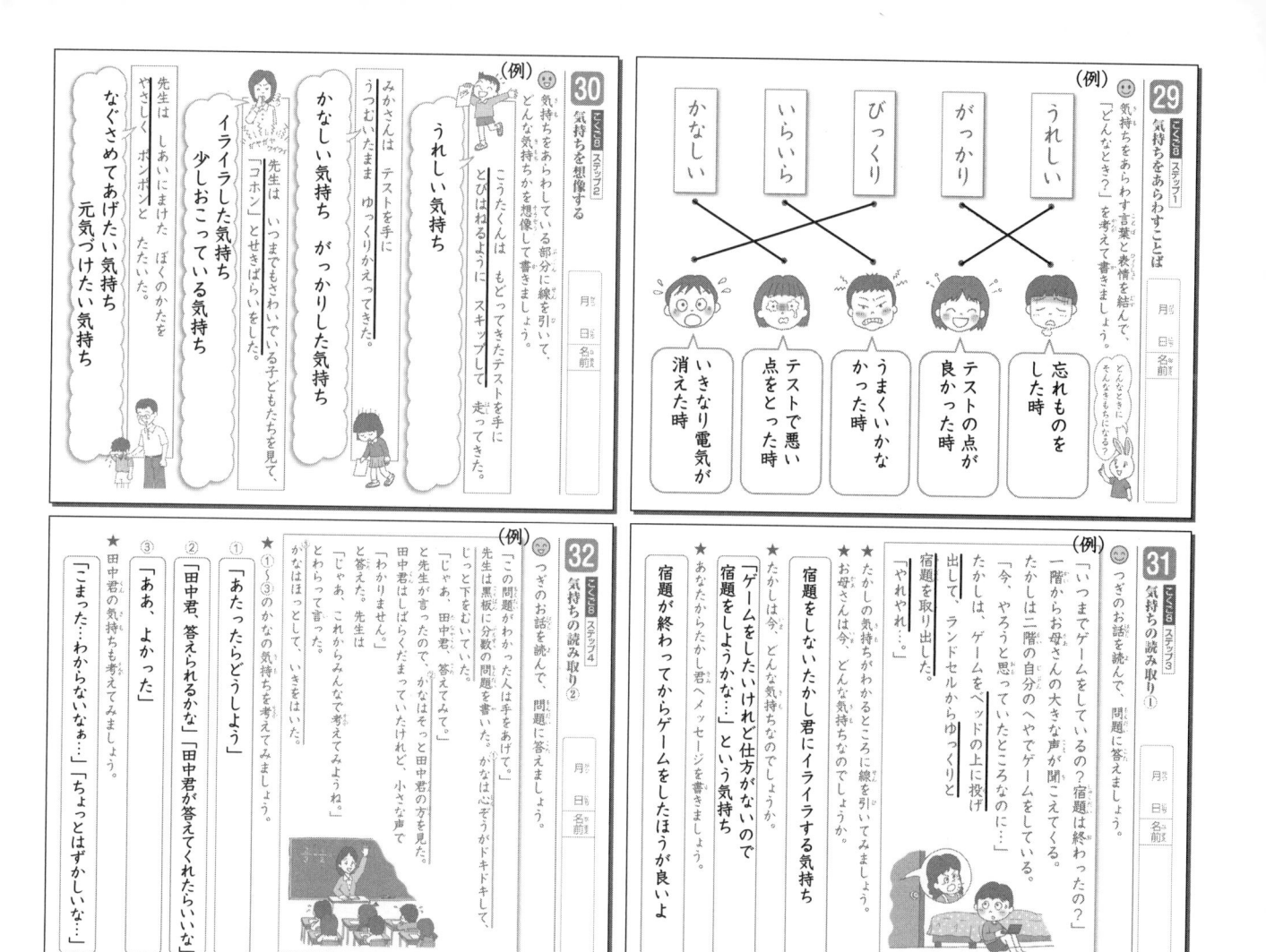

気持《きも》ちをあらわす言葉《ことば》と表情《ひょうじょう》を結《むす》んで、「どんなとき？」を考《かんが》えて書《か》きましょう。

（例）

どんなときに
そんなきもちになる？

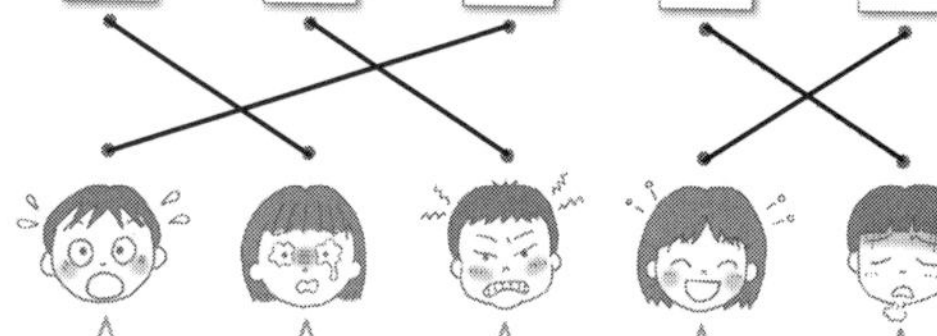

うれしい
がっかり
びっくり
いらいら
かなしい

- 忘れものをした時
- テストの点が良かった時
- うまくいかなかった時
- テストで悪い点をとった時
- いきなり電気が消えた時

30 こくご8 ステップ2 気持ちを想像する

月《がつ》　日《にち》　名前《なまえ》

気持《きも》ちをあらわしている部分《ぶぶん》に線《せん》を引《ひ》いて、どんな気持《きも》ちかを想像《そうぞう》して書《か》きましょう。

（例）

こうたくんは　もどってきたテストを手に　とびはねるように　スキップして　走《はし》ってきた。

うれしい気持ち

みかさんは　テストを手に　うつむいたまま　ゆっくりかえってきた。

かなしい気持ち　がっかりした気持ち

先生は　いつまでもさわいでいる子どもたちを見て、「コホン」とせきばらいをした。

イライラした気持ち　少しおこっている気持ち

先生は　しあいにまけた　ぼくのかたを　やさしく　ポンポンと　たたいた。

なぐさめてあげたい気持ち　元気づけたい気持ち

31 こくご8 ステップ3 気持ちの読み取り①

月《がつ》　日《にち》　名前《なまえ》

つぎのお話《はなし》を読《よ》んで、問題《もんだい》に答《こた》えましょう。

（例）

「いつまでゲームをしているの？宿題《しゅくだい》は終《お》わったの？」

一階《かい》からお母《かあ》さんの大《おお》きな声《こえ》が聞《き》こえてくる。

たかしは二階《かい》の自分《じぶん》のへやでゲームをしている。

「今、やろうと思《おも》っていたところなのに…」

たかしは、ゲームをベッドの上に投げ出して、ランドセルからゆっくりと宿題を取り出した。

「やれやれ…。」

★たかしの気持《きも》ちがわかるところに線《せん》を引《ひ》いてみましょう。

★お母《かあ》さんは今《いま》、どんな気持《きも》ちなのでしょうか。

宿題をしないたかし君にイライラする気持ち

★たかしは今《いま》、どんな気持《きも》ちなのでしょうか。

「ゲームをしたいけれど仕方がないので宿題をしようかな…」という気持ち

★あなたからたかし君《くん》へメッセージを書《か》きましょう。

宿題が終わってからゲームをしたほうが良いよ

32 こくご8 ステップ4 気持ちの読み取り②

月《がつ》　日《にち》　名前《なまえ》

つぎのお話《はなし》を読《よ》んで、問題《もんだい》に答《こた》えましょう。

（例）

「この問題《もんだい》がわかった人は手をあげて。」

先生は黒板《こくばん》に分数《ぶんすう》の問題《もんだい》を書《か》いた。①かなは心ぞうがドキドキして、じっと下をむいていた。

「じゃあ、田中君《たなかくん》、答《こた》えてみて。」

と先生が言ったので、②かなはそっと田中君《くん》の方を見た。

田中君《くん》はしばらくだまっていたけれど、小さな声で

「わかりません。」

と答《こた》えた。先生は

「じゃあ、これからみんなで考《かんが》えてみようね。」

とわらって言《い》った。

③かなはほっとして、いきをはいた。

★①〜③のかなの気持《きも》ちを考《かんが》えてみましょう。

①「あたったらどうしよう」

②「田中君、答えられるかな」「田中君が答えてくれたらいいな」

③「ああ、よかった」

★田中君《くん》の気持《きも》ちも考《かんが》えてみましょう。

「こまった…わからないなぁ…」「ちょっとはずかしいな…」

33 かんすうじ
こくご9 ステップ1

月　日　名前

数字《すうじ》の1～10は、どんな漢字《かんじ》になりますか？
正しいものを選《えら》んで、読《よ》みながら線《せん》で結《むす》びましょう。

1	四
2	三
3	一
4	五
5	二

6	九
7	六
8	十
9	七
10	八

読み方チェック
☑ 一《ひと》つ　☑ 二《ふた》つ　☑ 三《みっ》つ　☑ 四《よっ》つ　☑ 五《いつ》つ
☑ 六《むっ》つ　☑ 七《なな》つ　☑ 八《やっ》つ　☑ 九《ここの》つ　☑ 十《とう》

いろいろな読み方があるね

34 体をあらわす漢字
こくご9 ステップ2

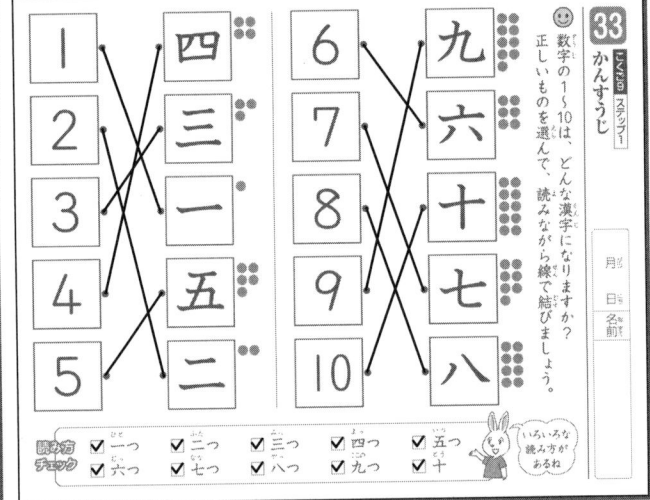

月　日　名前

からだの部分《ぶぶん》をあらわす漢字《かんじ》を見つけて切《き》ってはりましょう。

田中《たなか》げんき
はなまる小学校《しょうがっこう》　三年《ねん》二組《くみ》です。

目　耳　口　手　足

手　足　口　目　耳

35 曜日の漢字
こくご9 ステップ3

月　日　名前

一週間《いっしゅうかん》の漢字《かんじ》をさがして、
その意味《いみ》も考《かんが》えながら、切《き》ってはりましょう。

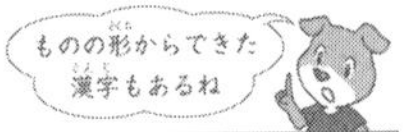
ものの形《かたち》からできた漢字《かんじ》もあるね

げつ	か	すい	もく	きん	ど	にち
月	火	水	木	金	土	日
つき	ひ	みず	き	かね	つち	ひ

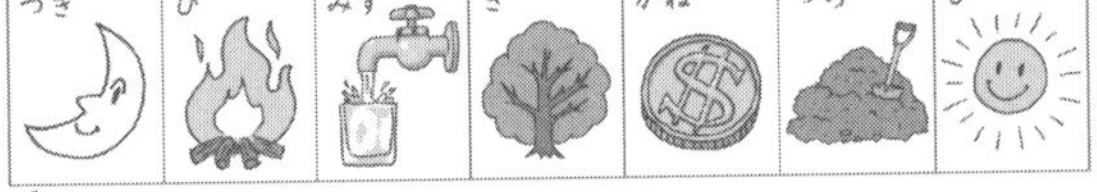

今日はなんよう日かな？

→ 金よう日

金　月　火　日　土　水　木

36 身近な漢字
こくご9 ステップ4

月　日　名前

絵《え》の中《なか》の漢字《かんじ》を読《よ》んでみましょう。

学校
先生
空
村
男
女
雨
森
町
一年生
本
林
田
川
石
花
犬
竹
木
草
車

読み方チェック
☑ 学校　☑ 先生　☑ 一年生　☑ 男　☑ 女　☑ 草　☑ 花　☑ 犬　☑ 木　☑ 本
☑ 空　☑ 雨　☑ 町　☑ 竹　☑ 川　☑ 森　☑ 林　☑ 村　☑ 田　☑ 石　☑ 車

37 教科《きょうか》や家族《かぞく》の漢字

こくご10 ステップ1

月《がつ》　日《にち》　名《な》前《まえ》

教科《きょうか》や家族《かぞく》は、どんな漢字《かんじ》になりますか？
正しいものを選《えら》んで、線《せん》で結《むす》びましょう。

ちち	母
はは	妹
あに	父
おとうと	姉
あね	弟
いもうと	兄

こくご	社会
さんすう	国語
りか	図工
しゃかい	理科
おんがく	算数
ずこう	音楽

読み方チェック　☑父《ふ》母《ぼ》　☑兄《きょう》弟《だい》　☑姉《し》妹《まい》　☑長《ちょう》男《なん》　☑長《ちょう》女《じょ》

長男は いちばん上の男の子
長女は いちばん上の女の子
のことだよ

38 季節・時間・方角の漢字

こくご10 ステップ2

月《がつ》　日《にち》　名《な》前《まえ》

季節《きせつ》や時間《じかん》、方角《ほうがく》をあらわす漢字《かんじ》を切《き》ってはりましょう。

きた　北
ひがし　東
にし　西
みなみ　南
東西南北

あさ　朝
ひる　昼
ゆう　夕
よる　夜
午前 → 正午 → 午後

はる　春　シュン
なつ　夏　カ
あき　秋　シュウ
ふゆ　冬　トウ

西	南
北	東

朝	昼
夜	夕

春	冬
秋	夏

39 反対の意味の漢字

こくご10 ステップ3

月《がつ》　日《にち》　名《な》前《まえ》

意味《いみ》を考《かんが》えて、合《あ》う言葉《ことば》を見つけて読《よ》みましょう。

はんたいの意味《いみ》の漢字《かんじ》を
組《く》み合《あ》わせているね

売買《ばいばい》は売《う》ったり買《か》ったりすること

うえとした	売《ばい》買《ばい》
ひだりとみぎ	内《ない》外《がい》
まえとうしろ	上《じょう》下《げ》
つよいとよわい	多《た》少《しょう》
とおいとちかい	左《さ》右《ゆう》
うるとかう	遠《えん》近《きん》
おおいとすくない	前《ぜん》後《ご》
うちとそと	強《きょう》弱《じゃく》

40 音読みとくん読み

こくご10 ステップ4

月《がつ》　日《にち》　名《な》前《まえ》

漢字《かんじ》の読《よ》み方《かた》じてんをつくって、「音読《おんよ》み」「くん読《よ》み」をおぼえましょう。

犬

音読み　ケン
●つかい方　けいさつ犬
●つかい方　犬のさんぽ
くん読み　いぬ

遠

音読み　エン
●つかい方　遠足
●つかい方　遠くへ行く
くん読み　とお（い）

友

音読み　ユウ
●つかい方　親友
●つかい方　友達
くん読み　とも

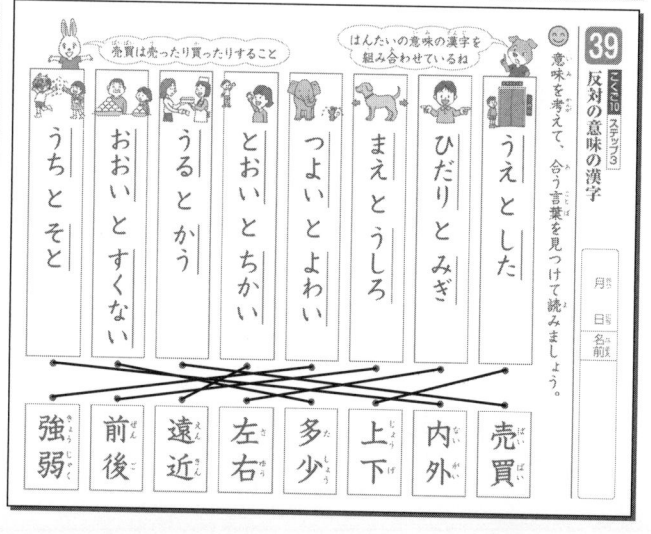

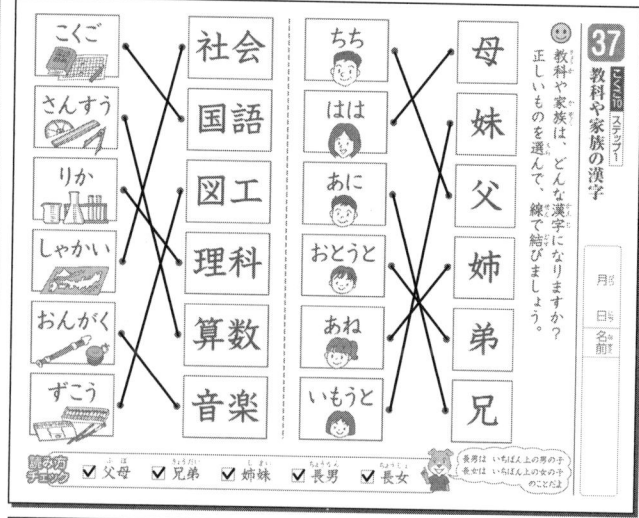

41 こくご11 ステップ1 いろいろな線・形

月《がつ》　日《にち》　名前《なまえ》

正《ただ》しくすわっていますか？

正《ただ》しくもっていますか？

せんを　なぞって　かきましょう。

○×△□を　なぞって　かきましょう。

42 こくご11 ステップ2 めいろ

月《がつ》　日《にち》　名前《なまえ》

●から　★まで　せんをひきましょう。

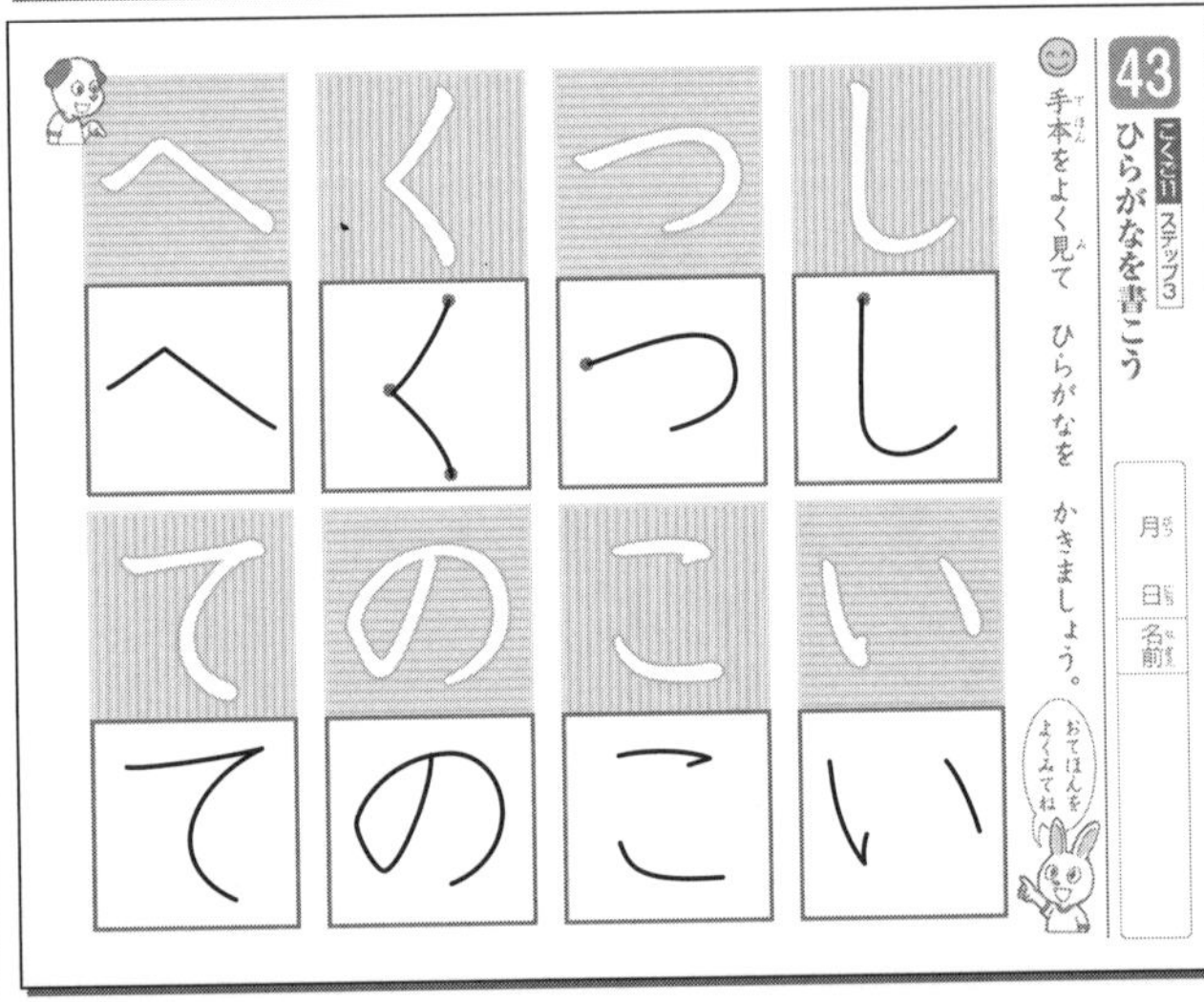

43 こくご11 ステップ3 ひらがなを書こう

月《がつ》　日《にち》　名前《なまえ》

手本《てほん》をよく見《み》て　ひらがなを　かきましょう。

し　つ　く　へ

い　こ　の　て

44 こくご11 ステップ4 名前を書く

月《がつ》　日《にち》　名前《なまえ》

ひらがなで　なまえを　かいてみましょう。

（例）

なまえ　わだ　はるか

なまえ　わだ　はるか

わ　わ　わ

は　は　は　は

45 こくご12 ステップ1 50音を書こう①（あ～な行）

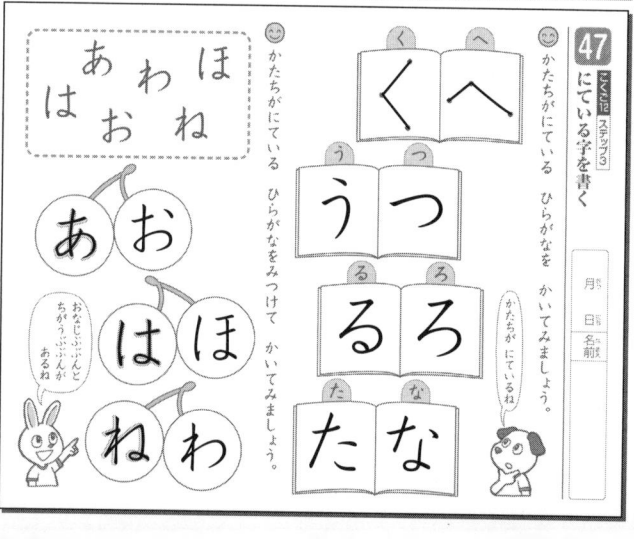

月《がつ》　日《にち》　名前《なまえ》

なぞって　かきましょう。

な	た	さ	か	あ
に	ち	し	き	い
ぬ	つ	す	く	う
ね	て	せ	け	え
の	と	そ	こ	お

ひとりでかける字《じ》に
マルをつけよう

ひとりでかける字《じ》があるかな？　れんしゅうしてみよう。

（例）

あ
か
さ
た

46 こくご12 ステップ2 50音を書こう②（は～わ行）

月《がつ》　日《にち》　名前《なまえ》

なぞって　かきましょう。

わ	ら	や	ま	は
❀	り	❀	み	ひ
を	る	ゆ	む	ふ
❀	れ	❀	め	へ
ん	ろ	よ	も	ほ

ひとりでかける字《じ》に
マルをつけよう

ひとりでかける字《じ》があるかな？　れんしゅうしてみよう。

（例）

は
ま
や
ら

47 こくご12 ステップ3 にている字を書く

月《がつ》　日《にち》　名前《なまえ》

かたちがにている　ひらがなを　かいてみましょう。

（く）（へ）
く　へ

（う）（つ）
う　つ

（る）（ろ）
る　ろ

（た）（な）
た　な

かたちが にているね

かたちがにている　ひらがなをみつけて　かいてみましょう。

ほ　わ　あ
ね　お　は

あ　お

は　ほ

ね　わ

おなじぶぶんと
ちがうぶぶんが
あるね

48 こくご12 ステップ4 もののなまえを書こう

月《がつ》　日《にち》　名前《なまえ》

つぎのことばを　かいてみましょう。

くま　くま

うし　うし

ねこ　ねこ

いぬ　いぬ

これはなにかな？　絵《え》をみて　ことばを　かきましょう。

ヒント

い　く　え
か　す　つ　さ

かさ

つくえ

いす

49 「゛」をつけて書こう

こくご13 ステップ1

月《がつ》　日《にち》　名前《なまえ》

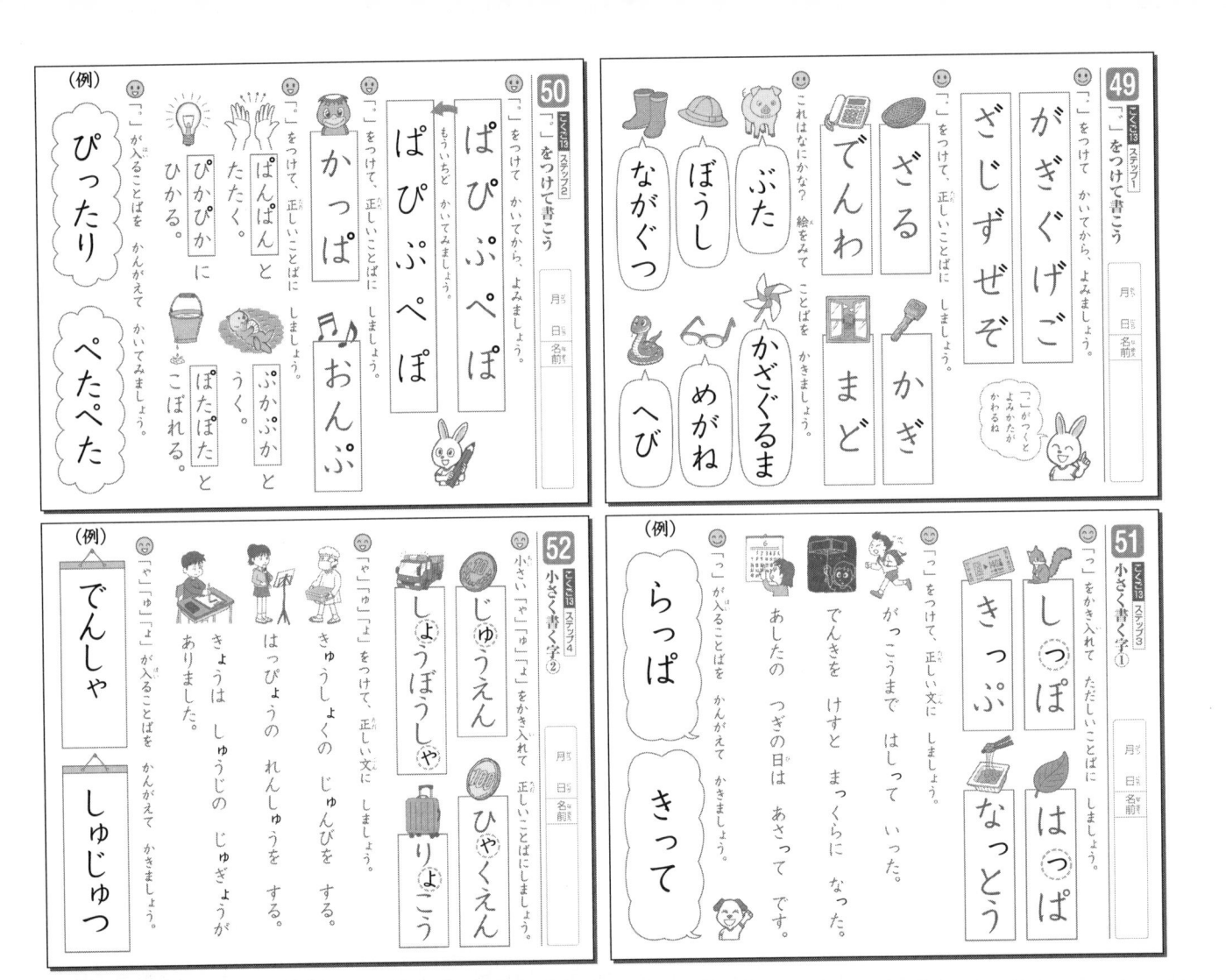

「゛」をつけて　かいてから、よみましょう。

がぎぐげご

ざじずぜぞ

「゛」をつけて、正《ただ》しいことばに　しましょう。

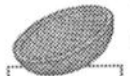
ざる

でんわ

かぎ

まど

これはなにかな？　絵《え》をみて　ことばを　かきましょう。

ぶた

ぼうし

ながぐつ

かざぐるま

めがね

へび

50 「゜」をつけて書こう

こくご13 ステップ2

月《がつ》　日《にち》　名前《なまえ》

「゜」をつけて　かいてから、よみましょう。

ぱぴぷぺぽ

もういちど　かいてみましょう。

ぱぴぷぺぽ

「゜」をつけて、正《ただ》しいことばに　しましょう。

かっぱ

おんぷ

「゜」をつけて、正《ただ》しいことばに　しましょう。

ぱんぱん　と　たたく。

ぴかぴか　に　ひかる。

ぷかぷか　と　うく。

ぽたぽた　と　こぼれる。

「゜」が入《はい》ることばを　かんがえて　かいてみましょう。

（例）

ぴったり

ぺたぺた

51 小さく書く字①

こくご13 ステップ3

月《がつ》　日《にち》　名前《なまえ》

「っ」をかき入《い》れて　ただしいことばに　しましょう。

しっぽ

きっぷ

はっぱ

なっとう

「っ」をつけて、正《ただ》しい文《ぶん》に　しましょう。

がっこうまで　はしって　いった。

でんきを　けすと　まっくらに　なった。

あしたの　つぎの日《ひ》は　あさって　です。

「っ」が入《はい》ることばを　かんがえて　かきましょう。

（例）

らっぱ

きって

52 小さく書く字②

こくご13 ステップ4

月《がつ》　日《にち》　名前《なまえ》

小《ちい》さい「ゃ」「ゅ」「ょ」をかき入《い》れて　正《ただ》しいことばにしましょう。

じゅうえん

しょうぼうしゃ

ひゃくえん

りょこう

「ゃ」「ゅ」「ょ」をつけて、正《ただ》しい文《ぶん》に　しましょう。

きゅうしょくの　じゅんびを　する。

はっぴょうの　れんしゅうを　する。

きょうは　しゅうじの　じゅぎょうが　ありました。

「ゃ」「ゅ」「ょ」が入《はい》ることばを　かんがえて　かきましょう。

（例）

でんしゃ

しゅじゅつ

53 カタカナを書こう（50音）

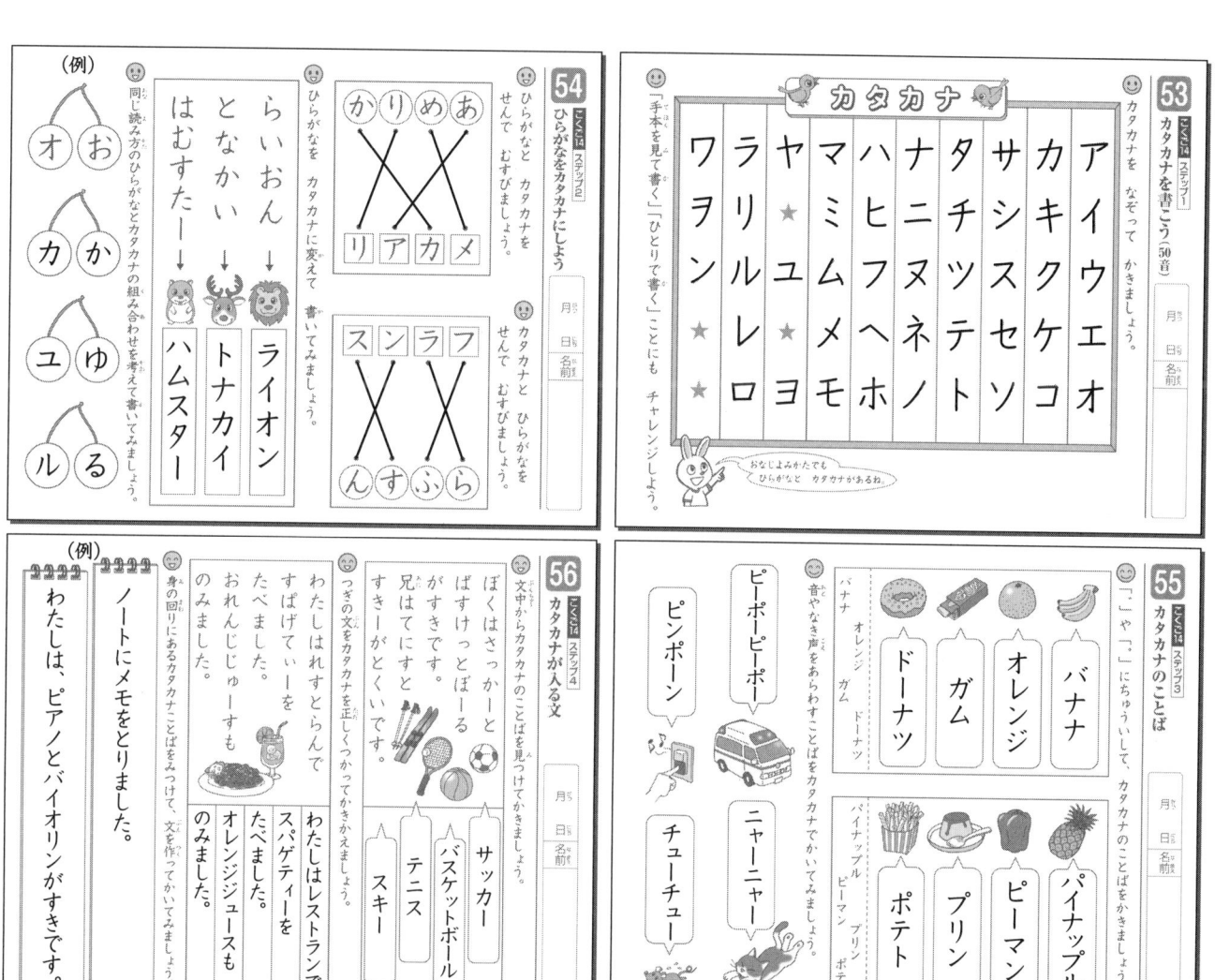

こくご14 ステップ1

月《がつ》 日《にち》 名前《なまえ》

カタカナを　なぞって　かきましょう。

カタカナ

ア	カ	サ	タ	ナ	ハ	マ	ヤ	ラ	ワ
イ	キ	シ	チ	ニ	ヒ	ミ	★	リ	ヲ
ウ	ク	ス	ツ	ヌ	フ	ム	ユ	ル	ン
エ	ケ	セ	テ	ネ	ヘ	メ	★	レ	★
オ	コ	ソ	ト	ノ	ホ	モ	ヨ	ロ	★

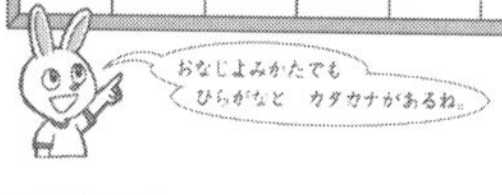

おなじよみかたでも
ひらがなと　カタカナがあるね。

「手本《てほん》を見《み》て書《か》く」「ひとりで書《か》く」ことにも　チャレンジしよう。

54 ひらがなをカタカナにしよう

こくご14 ステップ2

月《がつ》 日《にち》 名前《なまえ》

ひらがなと　カタカナを　せんで　むすびましょう。

あ　め　り　か

メ　カ　ア　リ

カタカナと　ひらがなを　せんで　むすびましょう。

フ　ラ　ン　ス

ら　ふ　す　ん

ひらがなを　カタカナに変《か》えて　書《か》いてみましょう。

らいおん ↓ ライオン

となかい ↓ トナカイ

はむすたー ↓ ハムスター

同《おな》じ読《よ》み方《かた》のひらがなとカタカナの組《く》み合《あ》わせを考《かんが》えて書《か》いてみましょう。

（例）

お　オ

か　カ

ゆ　ユ

る　ル

55 カタカナのことば

こくご14 ステップ3

月《がつ》 日《にち》 名前《なまえ》

「゛」や「゜」にちゅういして、カタカナのことばをかきましょう。

バナナ　オレンジ　ガム　ドーナツ

バナナ　オレンジ　ガム　ドーナツ

パイナップル　ピーマン　プリン　ポテト

パイナップル　ピーマン　プリン　ポテト

音《おと》やなき声《こえ》をあらわすことばをカタカナでかいてみましょう。

ピーポーピーポー

ピンポーン

ニャーニャー

チューチュー

56 カタカナが入る文

こくご14 ステップ4

月《がつ》 日《にち》 名前《なまえ》

文中《ぶんちゅう》からカタカナのことばを見《み》つけてかきましょう。

ぼくはさっかーとばすけっとぼーるがすきです。兄《あに》はてにすとすきーがとくいです。

サッカー　バスケットボール　テニス　スキー

つぎの文《ぶん》をカタカナを正《ただ》しくつかってかきかえましょう。

わたしはれすとらんですぱげてぃーをたべました。おれんじじゅーすものみました。

わたしはレストランでスパゲティーをたべました。オレンジジュースものみました。

身《み》の回《まわ》りにあるカタカナことばをみつけて、文《ぶん》を作《つく》ってかいてみましょう。

（例）

ノートにメモをとりました。

わたしは、ピアノとバイオリンがすきです。

57 二語文を書こう

こくご15 ステップ1

月《がつ》　日《にち》　名前《なまえ》

つなぎことばに気《き》をつけて　文《ぶん》をつくって書《か》きましょう。

（例）

みず を のむ

いぬ が はしっています

ぼく は 小学生です

つなぎことばをつかって　文《ぶん》をつくって書《か》いてみましょう。

くつ を ぬぐ

はな が さく

ぞう は 大きい

何《なに》をしているかな？　絵《え》を見《み》て　文《ぶん》で話《はな》してみよう。

ねこが ねています
あかちゃんが ないています
くつを はいています
車に のっています

58 三語文を書こう

こくご15 ステップ2

月《がつ》　日《にち》　名前《なまえ》

すきなことばを組《く》み合《あ》わせて「いつ」「だれが」「どうした」の文《ぶん》を書《か》きましょう。

いつ
きのう
きょう
日《にち》よう日
朝早《あさはや》く
午後《ごご》3時《じ》
夜《よる》おそく
○月○日
など

だれ
わたし
おとうさん
おかあさん
女の子
男の子
先生
○○くん
など

どうした
出かけた
ないた
およいだ
宿題《しゅくだい》をした
マンガを買《か》った
ケーキを作《つく》った
○○をした
など

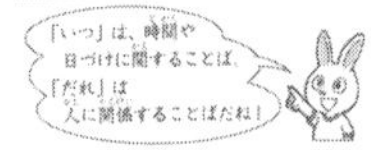

「いつ」は、時間《じかん》や日づけに関《かん》することば、
「だれ」は人《ひと》に関係《かんけい》することばだね！

（例）

（れい／きのう　わたしは　でかけた。）

① いつ きのう／だれ おかあさんが／どうした ケーキを作った。

② 朝早く／おとうさんは／出かけた。

③ わたしは日よう日に出かけた。

あなたは今《いま》、何《なに》をしている？　文《ぶん》で書《か》いてみよう。

わたしは先生と勉強をしています。

59 一文を書こう

こくご15 ステップ3

月《がつ》　日《にち》　名前《なまえ》

「いつ」「どこで」「だれが」「なにをどうした」の文《ぶん》を　自由《じゆう》に作《つく》ってみましょう。

（例）

いつ？　きのう

どこで？　えきで

だれが？　おとうとが

なにをどうした？　まいごになった

どんなことを書こうかな。
書きたいことはたくさんあるよ～！

一つの文《ぶん》につなげて　書《か》きましょう。

きのう、えきで、おとうとが、まいごになった。

「どうして」「どんなようす」を加《くわ》えて、もっとくわしい文《ぶん》にしてみましょう。

どうして!?　こんざつしていたので

どんなようす!?　大きな声でないていました。

60 句読点をつけて書こう

こくご15 ステップ4

月《がつ》　日《にち》　名前《なまえ》

意味《いみ》のくぎりには「、」（点《てん》／読点《とうてん》）、文のおわりには「。」（丸《まる》／句点《くてん》）をつけて書《か》きます。次の文の「、」「。」をなぞって書《か》きましょう。「、」「。」に気《き》をつけて文を読《よ》みましょう。

しゅくだいがおわったので、あそびにいきます。
こうえんにいったら、田中《たなか》くんがいました。

、読点《とうてん》
文のいきつぎだね。
。句点《くてん》
文の終点《しゅうてん》だよ。

「、」「。」をなぞってから、もう一度《いちど》書《か》きましょう。

きょうはとてもさむかったので、ずっといえの中ですごしました。

（一字あける）
　きょうはとてもさむかったので、ずっといえの中ですごしました。

会話《かいわ》の部分《ぶぶん》に、「」（かぎ）をつけます。「」をなぞってから、もう一度《いちど》書《か》きましょう。

先生《せんせい》が、
「ノートの字《じ》はていねいに書《か》きましょう」
とおっしゃいました。

（一字あける）
　先生が、
「ノートの字はていねいに書きましょう」
とおっしゃいました。

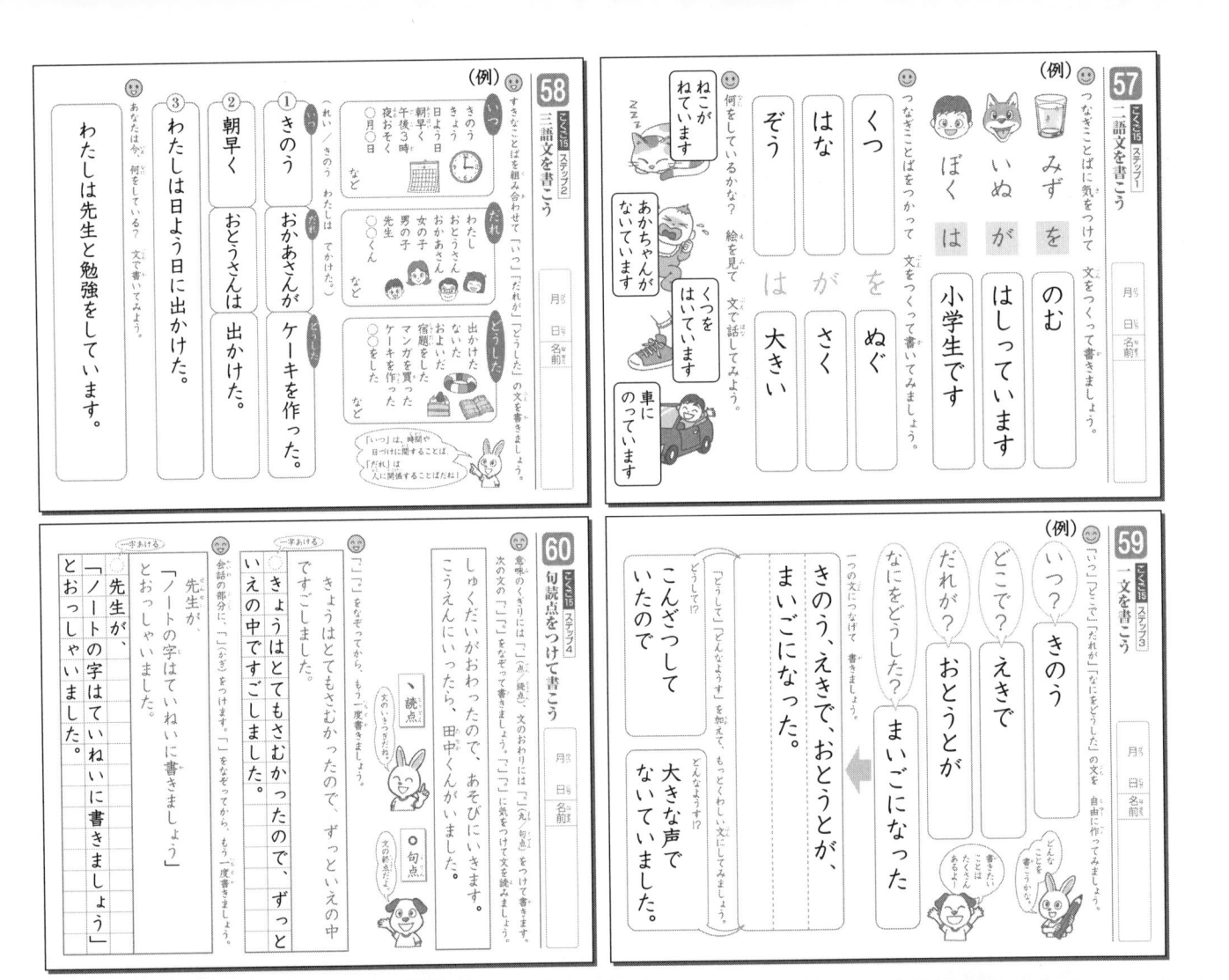

61 日記《にっき》文を書こう　こくご16 ステップ1

月《がつ》　日《にち》　名前《なまえ》

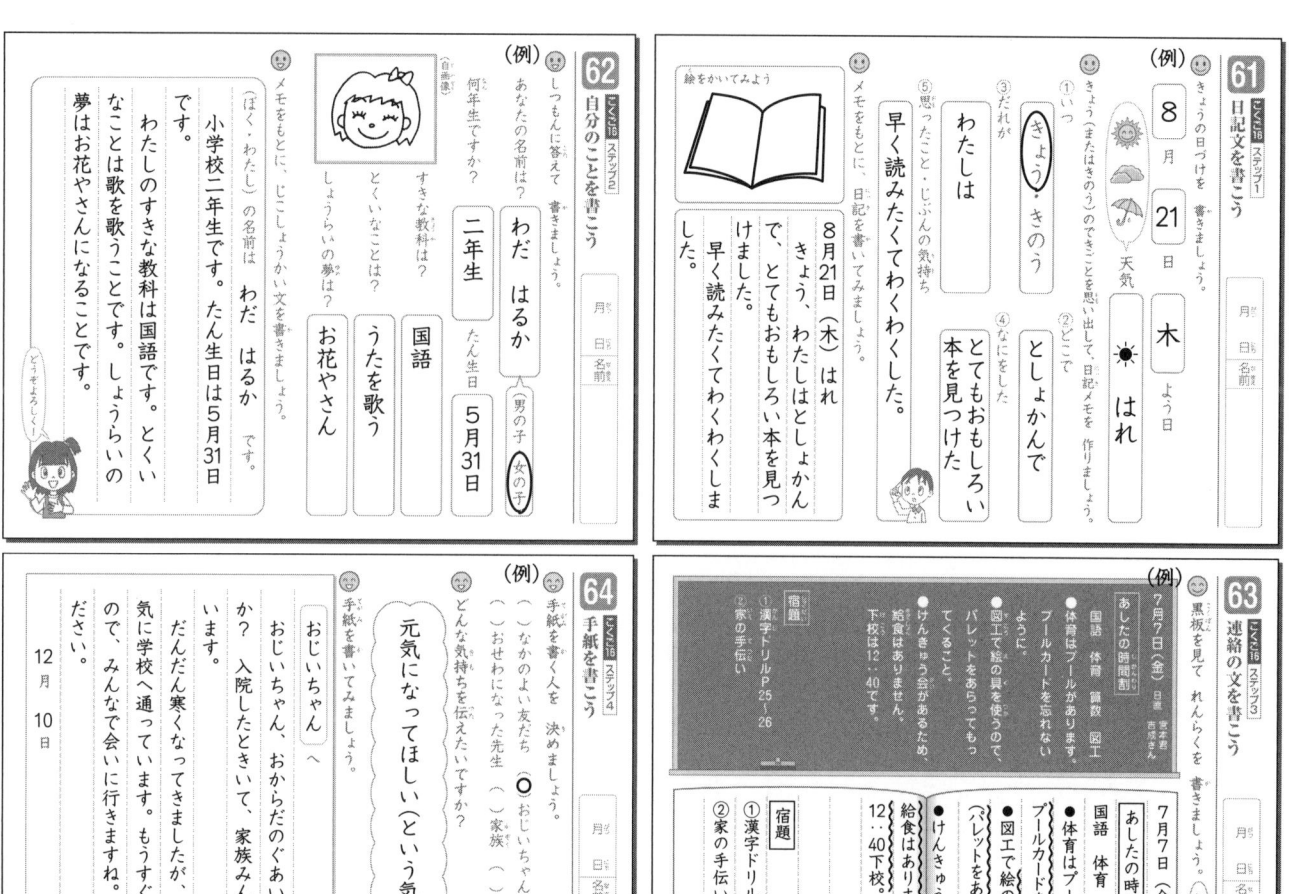

きょうの日づけを　書《か》きましょう。

（例）

8 月 21 日 木 よう日

天気　はれ

きょう（またはきのう）のできごとを思い出して、日記《にっき》メモを　作りましょう。

①いつ　きょう・きのう（「きょう」に○）

②どこで　としょかんで

③だれが　わたしは

④なにをした　とてもおもしろい本を見つけた

⑤思《おも》ったこと・じぶんの気持《きも》ち　早く読みたくてわくわくした。

メモをもとに、日記《にっき》を書《か》いてみましょう。

絵《え》をかいてみよう

8月21日（木）はれ

きょう、わたしはとしょかんで、とてもおもしろい本を見つけました。

早く読みたくてわくわくしました。

62 自分のことを書こう　こくご16 ステップ2

月《がつ》　日《にち》　名前《なまえ》

しつもんに答《こた》えて　書《か》きましょう。

（例）

あなたの名前は？　わだ　はるか　（男の子・女の子）（「女の子」に○）

何《なん》年生ですか？　二年生

たん生日　5月31日

（自画像《じがぞう》）

すきな教科《きょうか》は？　国語

とくいなことは？　うたを歌う

しょうらいの夢《ゆめ》は？　お花やさん

メモをもとに、じこしょうかい文を書《か》きましょう。

（ぼく・わたし）の名前は　わだ　はるか　です。

小学校二年生です。たん生日は5月31日です。

わたしのすきな教科は国語です。とくいなことは歌を歌うことです。しょうらいの夢はお花やさんになることです。

63 連絡の文を書こう　こくご16 ステップ3

月《がつ》　日《にち》　名前《なまえ》

黒板《こくばん》を見て　れんらくを　書《か》きましょう。

（例）

7月7日（金）　日直　宮本君　西塚さん

あしたの時間割《じかんわり》

国語　体育　算数　図工

●体育はプールがあります。プールカードを忘れないように。

●図工《ずこう》で絵《え》の具《ぐ》を使《つか》うので、パレットをあらってもってくること。

●けんきゅう会《かい》があるため、給食《きゅうしょく》はありません。下校《げこう》は12：40です。

宿題《しゅくだい》

①漢字《かんじ》ドリルP25～26

②家《いえ》の手伝《てつだ》い

7月7日（金）

あしたの時間割

国語　体育　算数　図工

●体育はプールがあります。

プールカードを忘れないように。

●図工で絵の具を使う

（パレットをあらってもってくる）

●けんきゅう会があるため

給食はありません。

12：40下校。

宿題

①漢字ドリルP25～26

②家の手伝い（自分できめる）

64 手紙を書こう　こくご16 ステップ4

月《がつ》　日《にち》　名前《なまえ》

手紙《てがみ》を書《か》く人を　決《き》めましょう。

（例）

（　）なかのよい友だち　（○）おじいちゃん、おばあちゃん

（　）おせわになった先生　（　）家族《かぞく》　（　）その他《た》

どんな気持《きも》ちを伝《つた》えたいですか？

元気になってほしい（という気持ち）

手紙《てがみ》を書《か》いてみましょう。

おじいちゃん　へ

おじいちゃん、おからだのぐあいはいかがですか？　入院したときいて、家族みんなで心配しています。

だんだん寒くなってきましたが、ぼくは毎日元気に学校へ通っています。もうすぐ冬休みになるので、みんなで会いに行きますね。待っていてください。

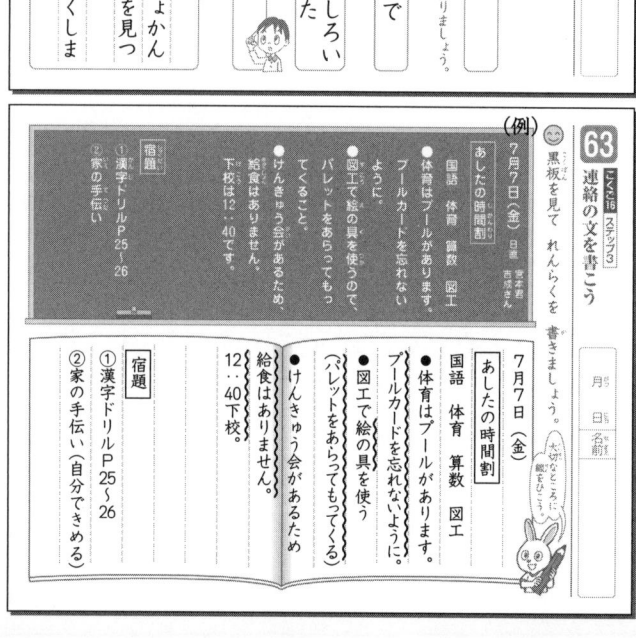

12月10日

すぐる　より

65 よく見《み》て書《か》こう

こくご17 ステップ1

月《がつ》　日《にち》　名前《なまえ》

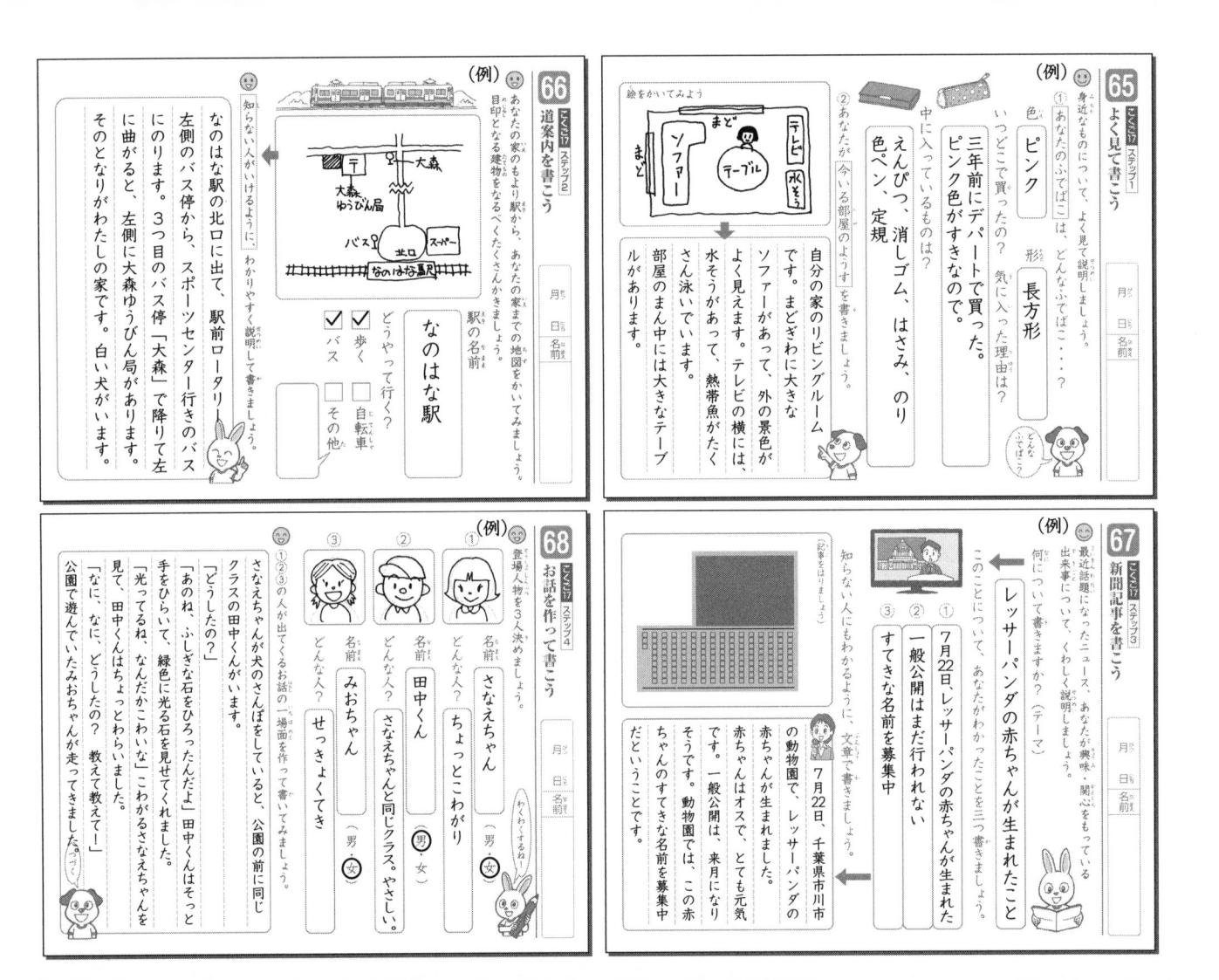

身近《みぢか》なものについて、よく見《み》て説明《せつめい》しましょう。

（例）

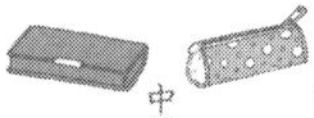

①あなたのふでばこは、どんなふでばこ・・・？

色《いろ》　ピンク

形《かたち》　長方形

いつどこで買《か》ったの？　気《き》に入《い》った理由《りゆう》は？

三年前にデパートで買った。ピンク色がすきなので。

中に入っているものは？

えんぴつ、消しゴム、はさみ、のり色ペン、定規

②あなたが今いる部屋《へや》のようすを書《か》きましょう。

絵《え》をかいてみよう

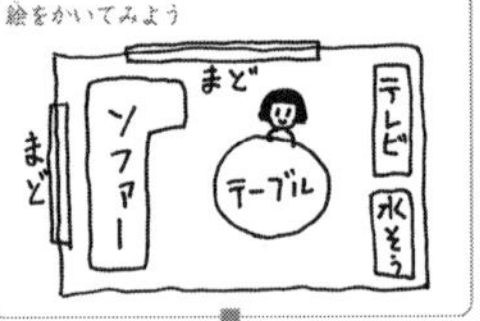

自分の家のリビングルームです。まどぎわに大きなソファーがあって、外の景色がよく見えます。テレビの横には、水そうがあって、熱帯魚がたくさん泳いでいます。部屋のまん中には大きなテーブルがあります。

66 道案内《みちあんない》を書《か》こう

こくご17 ステップ2

月《がつ》　日《にち》　名前《なまえ》

あなたの家《いえ》のもより駅《えき》から、あなたの家《いえ》までの地図《ちず》をかいてみましょう。目印《めじるし》となる建物《たてもの》をなるべくたくさんかきましょう。

（例）

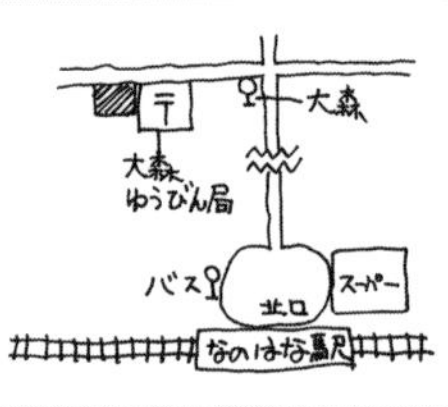

駅《えき》の名前《なまえ》

なのはな駅

どうやって行く？

☑歩く　☐自転車《じてんしゃ》

☑バス　☐その他《た》

知らない人がいけるように、わかりやすく説明《せつめい》して書《か》きましょう。

なのはな駅の北口に出て、駅前ロータリー左側のバス停から、スポーツセンター行きのバスにのります。３つ目のバス停「大森」で降りて左に曲がると、左側に大森ゆうびん局があります。そのとなりがわたしの家です。白い犬がいます。

67 新聞記事《しんぶんきじ》を書《か》こう

こくご17 ステップ3

月《がつ》　日《にち》　名前《なまえ》

最近話題《さいきんわだい》になったニュース、あなたが興味《きょうみ》・関心《かんしん》をもっている出来事《できごと》について、くわしく説明《せつめい》しましょう。

（例）

何《なに》について書《か》きますか？（テーマ）

レッサーパンダの赤ちゃんが生まれたこと

このことについて、あなたがわかったことを三つ書《か》きましょう。

①7月22日、レッサーパンダの赤ちゃんが生まれた

②一般公開はまだ行われない

③すてきな名前を募集中

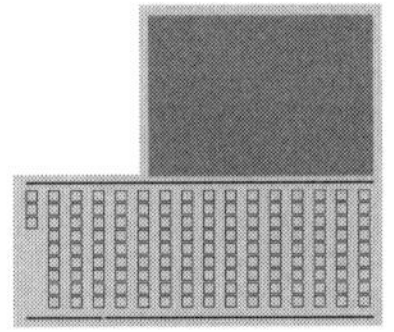

（記事《きじ》をはりましょう）

知らない人にもわかるように、文章《ぶんしょう》で書《か》きましょう。

7月22日、千葉県市川市の動物園で、レッサーパンダの赤ちゃんが生まれました。赤ちゃんはオスで、とても元気です。一般公開は、来月になりそうです。動物園では、この赤ちゃんのすてきな名前を募集中だということです。

68 お話を作って書《か》こう

こくご17 ステップ4

月《がつ》　日《にち》　名前《なまえ》

登場人物《とうじょうじんぶつ》を3人決《き》めましょう。

（例）

①

名前《なまえ》　さなえちゃん　（男・㊛）

どんな人？　ちょっとこわがり

②

名前《なまえ》　田中くん　（㊚・女）

どんな人？　さなえちゃんと同じクラス。やさしい。

③

名前《なまえ》　みおちゃん　（男・㊛）

どんな人？　せっきょくてき

①②③の人が出てくるお話《はなし》の一場面《いちばめん》を作って書《か》いてみましょう。

さなえちゃんが犬のさんぽをしていると、公園の前に同じクラスの田中くんがいます。

「どうしたの？」

「あのね、ふしぎな石をひろったんだよ」田中くんはそっと手をひらいて、緑色に光る石を見せてくれました。

「光ってるね、なんだかこわいな」こわがるさなえちゃんを見て、田中くんはちょっとわらいました。

「なに、なに、どうしたの？　教えて教えて！」

公園で遊んでいたみおちゃんが走ってきました。

69 順序立《じゅんじょだ》てて書《か》こう

こくご18 ステップ1

(例)

テーマを選《えら》んで、次《つぎ》の言葉《ことば》を使《つか》って説明《せつめい》してみましょう。

① テーマ（カレーの作り方）について説明《せつめい》します。

カレーの作り方／ご飯のたき方／教室のそうじの手順／その他

② はじめに、野菜を一口大の大きさに切る。

③ つぎに、油をひいて肉と野菜をよくいためる。

④ さいごに、水を加えてにこみ、しばらくしたらルーを入れて弱火でにこむ。

① テーマ（忘れ物をしないために大切なこと）について説明《せつめい》します。

忘れ物をしないために大切なこと／地しんがおきたときにとるべき行動／その他

② 一つ目は、れんらく帳をしっかり書いてくる。

③ 二つ目は、じゅんびをする時はれんらく帳をみてチェックする。

④ 三つ目は、出かける前にもう一度かくにんする。

月《がつ》　日《にち》　名前《なまえ》

70 二つの立場《たちば》で書こう

こくご18 ステップ2

(例)

テーマを選《えら》んで、賛成《さんせい》する意見《いけん》と反対《はんたい》する意見《いけん》の両方《りょうほう》を考え、理由《りゆう》がわかるように説明《せつめい》して書《か》きましょう。

①土曜日も学校があった方がよい　②給食よりお弁当の方がよい　③宿題はない方がよい　④中学校の修学旅行は海外旅行がよい　⑤その他

選《えら》んだテーマ　①土曜日も学校があった方がよい。

A ○

賛成《さんせい》（意見《いけん》と理由《りゆう》）

私は「土曜日も学校があった方がよい」という意見に賛成です。その理由の一つ目は、土曜日にもクラスの友達に会うことができるからです。二つ目の理由は、土曜日にも授業があると、平日に仕事をしているお父さんやお母さんは参加しやすくなると思うからです。私は学校が大好きなので、土曜日に学校がある方が、うれしいです。

B ×

反対《はんたい》（意見《いけん》と理由《りゆう》）

私は「土曜日も学校があった方がよい」という意見に反対です。その理由は、今の子どもたちには自由時間が少ないと思うからです。勉強する時間より、がっこうからはなれて自由に遊んだり考えたりする時間が、今の子どもたちには大切だと思います。

月《がつ》　日《にち》　名前《なまえ》

71 自分の意見を書こう

こくご18 ステップ3

(例)

テーマを選《えら》んで、自分《じぶん》の意見《いけん》をまとめて作文を書《か》きましょう。

①「子どもたちとゲームについて」　②「学校をもっとよくするために」　③「いじめをなくすために」　④その他

選《えら》んだテーマ　学校をもっとよくするために

作文メモ（伝《つた》えたいこと・思っていること）

①あいさつをしっかりする
②そうじをもっとしっかりと行う

自分の学校をよくするためには、まずあいさつをしっかりとするようにします。元気よく、誰とでもあいさつをすると学校が明るくなるからです。
　二つ目に、そうじをしっかりと行います。きれいな学校だと、とても気持ちよく勉強できるからです。

月《がつ》　日《にち》　名前《なまえ》

72 テーマ作文を書こう

こくご18 ステップ4

(例)

作文のテーマを自由《じゆう》に考え、テーマに沿《そ》って作文を書《か》いてみましょう。

テーマ設定のヒント
□最近体験したことや行事について（→出来事を整理してくわしく）
□自分の好きなことや趣味について（→知らない人にもわかるように工夫して）
□自分の夢や将来のことについて（→イメージをふくらませて）

選《えら》んだテーマ　最近体験したことや行事について

　十月二十四日に、子ども会の秋祭りがありました。このお祭りは、秋の豊作をいのるお祭りで、大人は「おとなみこし」、子どもは「こどもみこし」をかついで町をまわって歩きます。おみこしはとても重いのですが、だれか一人が力をぬくとかたむいてしまうので、みんなで「わっしょい、わっしょい」と声をかけ合ってがんばりました。とても大変でしたが、近所の人たちが「がんばって!」と声をかけてくれるのがうれしかったです。

● 作文を読んだ人に、感想を書いてもらいましょう。

おみこしをがんばってかついだことがよくわかります。

月《がつ》　日《にち》　名前《なまえ》

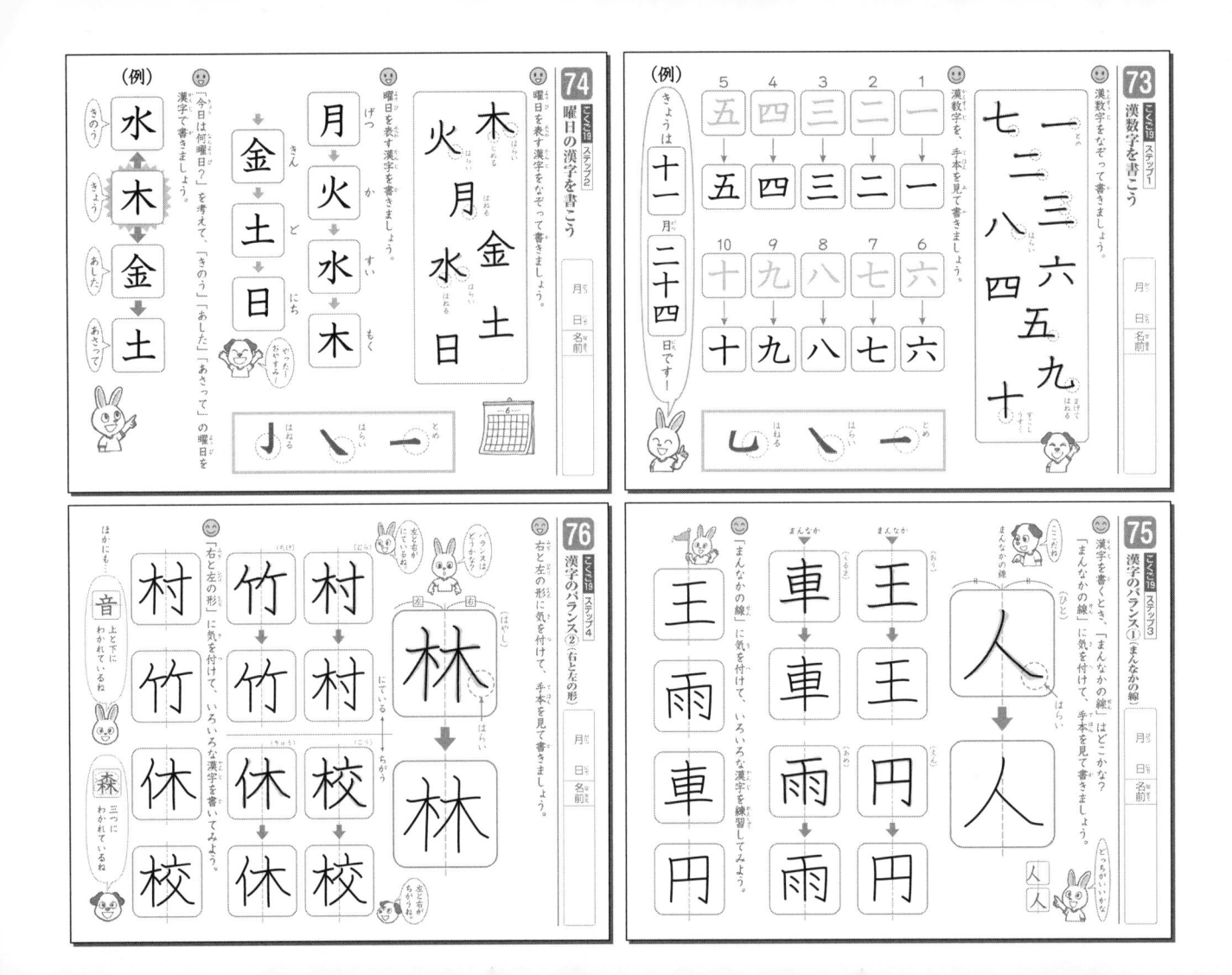

73 漢数字を書こう

こくご19 ステップ1

月《がつ》　日《にち》　名前《なまえ》

漢数字《かんすうじ》をなぞって書《か》きましょう。

一　二　三　六　五　九

七　八　四　十

とめ　はらい　はねる

漢数字《かんすうじ》を、手本《てほん》を見《み》て書《か》きましょう。

1	2	3	4	5
一	二	三	四	五
一	二	三	四	五

6	7	8	9	10
六	七	八	九	十
六	七	八	九	十

（例）

きょうは 十一 月《がつ》 二十四 日《にち》です！

とめ　はらい　はねる

74 曜日の漢字を書こう

こくご19 ステップ2

月《がつ》　日《にち》　名前《なまえ》

曜日《ようび》を表《あらわ》す漢字《かんじ》をなぞって書《か》きましょう。

木　金　土

火　月　水　日

はらい　とめる　はらい　はねる　はらい　はねる

曜日《ようび》を表《あらわ》す漢字《かんじ》を書《か》きましょう。

月（げつ）→ 火（か）→ 水（すい）→ 木（もく）→ 金（きん）→ 土（ど）→ 日（にち）

やったー おやすみ！

とめ　はらい　はねる

「今日《きょう》は何曜日《なんようび》？」を考えて、「きのう」「あした」「あさって」の曜日《ようび》を漢字《かんじ》で書《か》きましょう。

（例）

きのう　水

きょう　木

あした　金

あさって　土

75 漢字のバランス①（まんなかの線）

こくご19 ステップ3

月《がつ》　日《にち》　名前《なまえ》

漢字《かんじ》を書《か》くとき、「まんなかの線《せん》」はどこかな？「まんなかの線《せん》」に気《き》を付《つ》けて、手本《てほん》を見《み》て書《か》きましょう。

ここだね

まんなかの線

（ひと）

人 → 人

はらい

どっちがいいかな

人　人

「まんなかの線《せん》」に気《き》を付《つ》けて、いろいろな漢字《かんじ》を練習《れんしゅう》してみよう。

まんなか　まんなか

（おう）王 → 王　（くるま）車 → 車

（えん）円 → 円　（あめ）雨 → 雨

王　雨　車　円

76 漢字のバランス②（右と左の形）

こくご19 ステップ4

月《がつ》　日《にち》　名前《なまえ》

右《みぎ》と左《ひだり》の形《かたち》に気《き》を付《つ》けて、手本《てほん》を見《み》て書《か》きましょう。

バランスはどうかな？

左と右がにているね

左　右

（はやし）

林 → 林

はらい

にている

ちがう

（むら）村 → 村　（たけ）竹 → 竹

（こう）校 → 校　（きゅう）休 → 休

左と右がちがうね

「右《みぎ》と左《ひだり》の形《かたち》」に気《き》を付《つ》けて、いろいろな漢字《かんじ》を書《か》いてみよう。

村　竹　休　校

ほかにも…

音　上と下にわかれているね

森　三つにわかれているね

77 こくご18 ステップ1 漢字が入った文を書こう

月《がつ》　日《にち》　名前《なまえ》

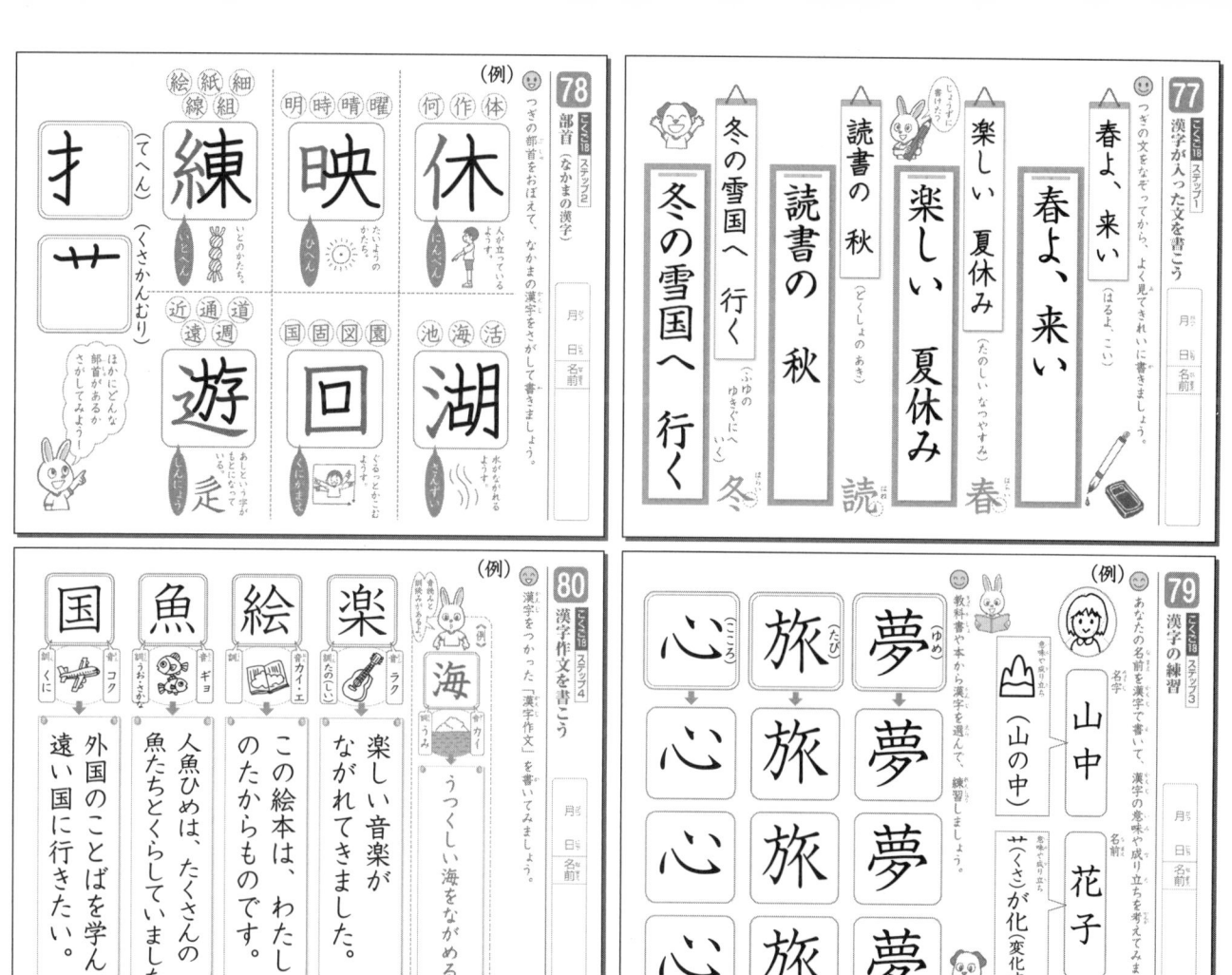

つぎの文をなぞってから、よく見《み》てきれいに書《か》きましょう。

春よ、来い
（はるよ、こい）

春よ、来い

楽しい　夏休み
（たのしい　なつやすみ）

楽しい　夏休み

じょうずに書けたかな？

読書の　秋
（どくしょの　あき）

読書の　秋

冬の雪国へ　行く
（ふゆの　ゆきぐにへ　いく）

冬の雪国へ　行く

春　読　冬

78 こくご18 ステップ2 部首（なかまの漢字）

月《がつ》　日《にち》　名前《なまえ》

つぎの部首《ぶしゅ》をおぼえて、なかまの漢字《かんじ》をさがして書《か》きましょう。

（例）

何　作　体
休
にんべん
人が立っているようす。

明　時　晴　曜
映
ひへん
たいようのかたち。

絵　紙　細　線　組
練
いとへん
いとのかたち。

池　海　活
湖
さんずい
水がながれるようす。

国　固　図　園
回
くにがまえ
ぐるっとかこむようす。

近　通　道　遠　週
遊
しんにょう
あしという字がもとになっている。
辶

扌（てへん）

艹（くさかんむり）

ほかにどんな部首があるかさがしてみよう！

79 こくご18 ステップ3 漢字の練習

月《がつ》　日《にち》　名前《なまえ》

あなたの名前《なまえ》を漢字《かんじ》で書《か》いて、漢字《かんじ》の意味《いみ》や成《な》り立《た》ちを考《かんが》えてみましょう。

（例）

名字
山中
意味や成り立ち

（山の中）

名前
花子
意味や成り立ち
艹（くさ）が化（変化する）

教科書《きょうかしょ》や本から漢字《かんじ》を選《えら》んで、練習《れんしゅう》しましょう。

夢（ゆめ）
夢
夢
夢

旅（たび）
旅
旅
旅

心（こころ）
心
心
心

80 こくご18 ステップ4 漢字作文を書こう

月《がつ》　日《にち》　名前《なまえ》

漢字《かんじ》をつかった「漢字《かんじ》作文」を書《か》いてみましょう。

（例）

音読みと訓読みがあるよ。

《例》
海
訓 うみ　音 カイ
うつくしい海をながめる。

楽
訓 たの（しい）　音 ラク
楽しい音楽がながれてきました。

絵
訓　音 カイ・エ
この絵本は、わたしのたからものです。

魚
訓 うお・さかな　音 ギョ
人魚ひめは、たくさんの魚たちとくらしていました。

国
訓 くに　音 コク
外国のことばを学んで遠い国に行きたい。

【著者紹介】

伊庭　葉子（いば・ようこ）

㈱Grow-S さくらんぼ教室代表。1990年，地域のボランティア活動として，障害をもつ子の学習の場「さくらんぼ教室」を開設。1996年，学習塾として開業。千葉・東京・神奈川の７教室で，２歳～社会人まで1350人を指導（2014年３月現在）。一人ひとりに合わせた個別学習とソーシャル・スキル・トレーニング，ライフ・スキル・トレーニングを行っている。

＜著書＞『特別支援の国語教材』（各初級～上級／学研教育みらい／監修：緒方明子），『特別支援の算数教材』（各初級～上級／学研教育みらい／監修：緒方明子），『つまずきミニチェックで始める学び支援　さくらんぼワーク　はじめての計算・文章題』

＜分担執筆＞『発達障害のある子の最適サポート＆ツール１』（山岡修・柘植雅義編著／明治図書出版）

●さくらんぼ教室（本八幡本部教室）

〒272－0021　千葉県市川市八幡３－４－１

アクス本八幡２階　TEL：047－325－3041

http://sakuranbo-class.com

つまずきミニチェックで始める学び支援

さくらんぼワーク　はじめての読解・作文

2015年４月初版第１刷刊　©著　者　伊　庭　葉　子

2017年６月初版第６刷刊　発行者　藤　原　久　雄

発行所　明治図書出版株式会社

http://www.meijitosho.co.jp

（企画）佐藤智恵（校正）増渕　説

〒114-0023　東京都北区滝野川7-46-1

振替00160-5-151318　電話03(5907)6704

ご注文窓口　電話03(5907)6668

＊検印省略　組版所　中　央　美　版

Printed in Japan　ISBN978-4-18-097925-7